日本史籍協會編

明治戊辰局外中立顛末

東京大學出版會發行

例言

一、本書は外務省編纂續通信全覽類輯所收「戊辰中立顚末」四卷「內國騷亂局外中立一件」三卷を併載して私に明治戊辰局外中立顚末と題せり。其書名の示す如く明治元年朝廷より德川氏征討の兵を發せし際締盟諸外國が局外中立を宣言して不偏中立の態度を嚴守せし事件に關係ある文書を編輯せしものにして其編纂の始末は卷首に詳なり。

抑も續通信全覽は明治初年外務省記錄局に於て大錄坂田諸遠小池節藏小錄宮本好風桂野進等官命を以て

幕末より明治初年に至る内外の外交文書を整理して門を立て件を分ちて編輯せしものにして、編年及類輯の二部合して約二千二百册を算し苟も外交に關する文書は殆ど之を網羅したりと謂ふを得べく實に貴重の史料なり。

一、今此を刊行するに當りて、特に外務省の命により敢て原文を取捨せず外人名幷地名の發音凡て原本に從へり。たゞ同一文書の數ケ所にあるものは其所在を明かにして「同文なれば省略する」旨を明記せり。又原書には卷首に長文の目次を附して、本文各文書には標出せず、今印行に當り讀者の便宜上各文書に番號と短文の目次を附せり。
一、本書出版に當り特に外務省が本書の出版を本會に許可せられしを深く感謝すると共に編者坂田氏等が修史の功を顯彰せんと欲す。

昭和七年一月

日本史籍協會

明治戊辰局外中立顛末　目次

戊辰中立顛末巻之一　自慶應三年十月 至明治元年正月廿二日

二　同四日米國公使より書翰を以て政府に抗抵するは松平修理大夫一人なりや否を聞定めて中立を布告せん旨を審問の書翰（米國公使より閣老宛書翰）　四七

三　同日同返翰（閣老より米國公使宛返翰）　四九

四　同日普魯社公使より其國臣民は局外中立を布告する旨を報知の書翰（プロシャ公使より局外中立報知の書翰）　五一

五　同六日於大坂閣老より薩藩兵燹甚熾追々侵來の聞えあるにより精々防禦追討の設備を爲すと雖も大坂迄襲來せんも計り難し固より十分保護の力を盡すは勿論なれとも公使に於ても各國旗章守護の方略ありたき旨を請求の書翰（於大坂閣老より各國公使宛書翰）　五二

六　同十二日徳川慶喜本日江戸歸城を外國奉行より各國公使館書記官迄報告の書翰（徳川慶喜江戸歸城報告の書翰）　五四

七　同日江戸市中に匪徒潜匿の徴候に因て諸郭門數所を鎖し橋々數所通行を止むる事を外國奉行より各國書記官迄報知の書翰（江戸市内戒嚴に付各國書記官へ報知の書翰）　五五
八　同十三日米國公使館ホルトメンより幕府の抗敵江戸弁に横濱に來らんと察す因て其守護を準備せん爲自今の處置を速に報知あらん事を請ふ旨の書翰（米國公使館員ポートマンより自衛準備問合書翰）　五七
九　同十五日兵庫に於て勅使擨て各國公使と應接（兵庫に於て勅使擨て各國公使と應接）　五八
一〇　同日小笠原壹岐守より英國公使へ一昨十三日書記官をして自今條約關係の事件は何所へ談判せられんやの訊問は既に舊臘坂城にての演述に異議なし然るに薩藩國内の變革に乘し自恣の擧動あり其罪を責奸徒を排斥迄兵庫は各

公使に委するを以て正大の處置あるへしとの答翰(英國公使館書記官宛閣老小笠原壹岐守答翰)　七〇
一一　同十八日東久世前右近衛少將より岩下左次右衛門伊藤俊助中島作太郎寺島陶藏等へ兵庫神戸運上所にて諸事の成敗に關らしむるの旨を各國公使へ報知の書翰(兵庫神戸運上所主管等に關し各國公使へ通牒)　七三
一二　同廿二日二品嘉彰親王へ外國懸總督の命あり三條前大納言東久世前少將伊達伊豫守等其副となさるゝ旨を親王御一名を以て各國公使へ報告の書翰(外國懸總督等任命の旨各國公使へ通牒)　七四
一三　同廿一日東久世前少將より德川慶喜叛逆に就き仁和寺二品親王征討將軍の命を奉し征討の師を差向けらる因て各國に於ては何方へも偏頗なきは勿論なれは慶喜を始其命

を承る大名の兵卒を運送し又は武器軍艦を輸入し或は指揮官兵卒を貸すの類總て彼の兵力を援くるの處分禁制を各國臣民へ布告あり度旨布達の書翰(東久世通禧より各國公使へ局外中立嚴守懇請の書翰) 七五
一四 同日米國公使館ホルトメンより本月三日瀧川播磨守上京の時携帯書類の寫を閣老へ請求の書翰(米國公使館員ポーマトンより瀧川播磨守携帯書寫を請求の書翰) 七七
一五 同廿二日外國奉行より昨日ホルトメンより閣老へ請求の書類を贈達の書類(ポートマンより請求の書類贈達の件) 七八
一六 同瀧川播磨守携帯の奏聞書(瀧川播磨守携帯の奏聞書) 七九
一七 同薩藩罪狀書(瀧川播磨守携帯の薩藩罪狀書) 八〇

同卷之二 自明治元年正月廿五日 至同年閏四月廿九日

目次

一　明治元年正月廿五日去る廿一日各國公使へ布達の局外中立本日其國臣民への布告書(各國公使へ布達の局外中立を各其國民への布達書)　八三

二　同日外國奉行より神奈川奉行へ書翰を贈り去る十二日諸人通行を止めし郭門及諸橋の通行を許す旨を説示さしむ(外國奉行より神奈川奉行郭門及諸橋等通行許可の書翰)　九四

三　二月四日英國軍艦横濱入港兵庫に於て　朝命の局外中立を各國人民へ布告すと米國公使館ホルトメン蘭國岡士等神奈川奉行へ報知す奉行即日江城へ注進の書翰(局外中立各國民へ布告に關する神奈川奉行の書翰)　九五

四　ホルトメン談話屬日京攝間の新聞(水野若狹守米國ポートマンへ對話の節同人申立書)　九七

五　局外中立布告譯文(局外中立布告譯文)　九九

六　同五日外國奉行より昨日神奈川奉行局外中立布告注進の回翰（外國奉行より神奈川奉行へ局外中立布告の回翰）　一〇二

七　同日神奈川奉行より昨四日外國臣民へ局外中立布告中御門陛下と大君の間に戰鬪起れるとの文あるを歎き各國公使へ文章交換の請求あり度旨の建白（局外中立布告中文辭更改請求の建白）　一〇三

八　同六日閣老小笠原壹岐守より神奈川奉行の建白を降亘し當否を外國奉行に問ふ奉行の建白に同し評議書に各國公使岡士への書翰案を草し返進す（閣老小笠原壹岐守より各國公使岡士への書翰）　一〇五

九　三月十七日横濱在留米國人ブロートン各國公使より　天朝の外國事務の官横濱出張を催促の書翰を携帯し在坂英國士官ミットホルト同伴大坂裁判所中外國事務局に出頭

當日より五日を期し回翰を請ふ旨を演説し所進出の各國
公使よりの書翰に就き東久世少將宇和島少將京師へ言上
の書翰(横濱處置に付東久世通禧等京都へ言上書)　一一〇
一〇　各國公使連署の書翰(各國公使連署書翰)　一一二
一一　同別翰(各公使連署別翰)　一一五
一二　同日大總督宮より征討の大意を各國公使へ報知の次第を
英國公使へ依頼の書翰(征討の大意を各國公使へ報知せん
ことを英國公使へ依頼の書翰案)　一一九
一三　同日米倉丹後守に横濱守衛を命せらるゝ旨を右同斷英國
公使へ依頼の書翰(横濱守衛者任命を英國公使へ報知の書翰)　一二〇
一四　同二十二日去る十七日横濱在留各國公使より横濱出張を
促し來る書翰の答として東久世中將肥前侍從に鎮臺を命
せられ參與井關齋右衞門大隈八太郎徵士陸奥陽之助其他

不日出帆右着船迄の處置を依頼する旨の返翰（横濱に於ける諸處置に付三條中納言等より各國公使へ依頼の書翰） 一二一

一五 四月二十日東久世中將肥前侍従連署して各國岡士の談判は寺島陶藏井關齋右衛門を以て應接せしむるの旨を各國公使へ報知の書翰（各國岡士との應接員に付東久世通禧等より各國公使への書翰） 一二二

一六 同日神奈川奉行より英國公使へ横濱居留地取締事務に就き雇英國人トーメンより豫て所進出の書面現今閣老なきに因て奉行より差贈り將不日神奈川奉行を辭するの覺悟に就きトーメンへ是迄政府の爲に盡力を謝するの書翰（横濱居留地取締事務に付神奈川奉行より英國公使への書翰） 一二五

一七 同日同奉行より各國書記官へ神奈川港官廳始一切交付濟各歸府の旨報知の書翰（神奈川奉行より各國書記官へ事務

を新政府へ引繼せる旨の通牒) 一二五
一八 同日同奉行より各國書記官へ是迄の交誼を謝するの書翰(神奈川奉行より各國書記官へ舊誼を謝する書翰) 一二六
一九 閏四月五日判事より各國岡士へ武器は裁判所の官員差添者の外賣買を禁するの書翰(神奈川府判事より各國岡士へ武器賣買に關する通牒) 一二六
二〇 同廿一日米國岡士より判事へ去る五日第七號の書翰を以て武器賣買一件大坂に於て約定云々は未た所聞なし公使へ審問の上否の返答に及ふへしとの旨の回翰(武器賣買通牒に對する米國岡士よりの回翰) 一三二
二一 同二十三日米國岡士ゟ判事へ第七號の書翰大坂表に於て約定云々は公使も未聞只兵庫に於て取結たる約定あるのみとの旨報告書翰(武器賣買約定に關し米國岡士ゟの回翰) 一三二

二二　同日東久世中將肥前侍從より各國公使へ慶喜降伏に就き最前兵庫表に於て所布達の局外中立を解向後條約第三條目に軍用の品は日本政府の外國人而已に賣るへしとの意に基き其國臣民へ至急布告を請ふ旨の書翰(各國公使宛軍用品賣買に關する約定更改の書翰)　一三三
二三　同別紙　行在所日誌抄錄(同上別紙)　一三五
二四　同二十六日英國公使より去る二十三日請求の局外中立を解くの旨意未た分明ならす慶喜への命令同人遵奉の寫を閲して同列評議に及ふへき旨の回翰(局外中立廢止に付英國公使よりの回翰)　一三六
二五　同日佛國公使より同斷の回翰(佛國公使より同斷の回翰)　一三七
二六　同日米國公使より同斷の回翰(米國公使より同斷の回翰)　一三九
二七　同日蘭國公使より同斷の回翰(和蘭公使より同斷の回翰)　一四〇

同卷之三　自明治元年五月二日　至同　年十月

同卷之四

自明治元年十月廿六日
至同二年正月十四日

內國騷亂局外中立一件卷一

自慶應三年十二月九日
至同　年　同　月晦日

の件）　慶應三年十二月　二九〇
三　戸田土佐守外三名眞岡陣屋警衛申付られたる件、薩州藩と唱へたるもの四十八人程宗對馬守領分流山に立入の儀に付米倉丹後守の書面栃木脇本陣へ止宿の旅人平常ならさるものと見受たる義に付戸田長門守家來の屆（戸田土佐守等眞岡陣屋警衛被命外二件）　慶應三年十二月九日　二九二
四　歩兵頭加藤平内出立の達（歩兵頭加藤平内出立の達）慶應三年十二月十日　二九五
五　薩州藩と唱へたる上下共十一人領分流山村へ立越止宿の件に對州家來山崎東助の書面（薩藩人と稱する者流山村立越に付屆書）　慶應三年十二月十一日　二九六
六　將軍二條城より大坂城へ退去の件糟屋筑後守より朝比奈甲斐守等への書簡、大政返上幷に將軍職辭退の件（將軍二條城より大坂へ退去及大政返上將軍職辭退の件）慶應三年十二月十二・三日　二九七

七　登城致し面謁の義伊米孛漏生蘭公使より申越の件、同件に付糟屋筑後守等より朝比奈甲斐守外數名への書簡(四國公使より登城面謁の義照會の書翰)　三〇三

八　浪士相州津久井縣邊及亂妨たる趣注進有之旨柴田桂太郎より勘定所への書面、上野原村打右衛門より谷村役場への注進書(浪士相州津久井附近にて騷亂の注進書)　慶應三年十二月十八日　三〇六

九　佛蘭西上陸場附近にて日本人より通詞ホッジス日本小船にありし時發砲されたる件に付英公使よりの書翰(英國公使より通詞襲撃による抗議書)　慶應三年十二月十八日　三〇八

一〇　同返書(神奈川奉行より右返翰)附薩邸討伐聞記　慶應三年十二月二十日　三〇九

一一　薩邸へ打入の義に付酒井左衛門尉家老松平權十郎の屆書(薩邸打入に付酒井左衛門尉家老より屆書)　慶應三年十二月廿五日　三一二

一二　臺場に向ひ日ノ丸軍艦三艘の二艘より發砲したる件に付

堀田相模守の書面（臺場に向ひ軍艦より發砲の件屆書） 慶應三年十二月廿五日 三一三
一三 捕押等引渡の義通達（押捕の者等引渡の件通達） 慶應三年十二月廿五日 三一三
一四 鳥居丹波守へ降人警衛の申付け（鳥居丹波守へ降人警衛被命書） 慶應三年十二月廿五日 三一四
一五 薩藩益田休之助捕押に付引渡の義に付松平肥後守の書面（薩藩士益田休之助押捕引渡の伺書） 慶應三年十二月廿五日 三一四
一六 增上寺靈屋拜見の義申越に付接遇所山崎龍太郎より西城調役への書面（英人增上寺靈屋觀覽願に付伺書） 慶應三年十二月廿五日 三一五
一七 松平修理大夫家來脫走の者も難計に付萬石以上以下於て私領寺社領にて見聞候はヽ召捕又打捨の上屆へく旨大目付目付への達（薩藩脫人押捕に付大目付等へ達） 慶應三年十二月 三一六
一八 當分締切橋々の件（當分締切の橋名） 慶應三年十二月 三一七

一九　發砲一件に付公使への返簡(發砲一件に付英公使への返翰)　慶應三年十二月廿五日　三一八
二〇　松平修理大夫屋敷打拂の義討取人數討死手負等の義松平伊豆守書面(薩藩人討取・討死・手負等に付屆書)　慶應三年十二月廿六日　三一九
二一　同件に付間部下總守の書面(同件に付間部下總守屆書)　慶應三年十二月廿六日　三二三
二二　同酒井紀伊守の書面(同上酒井紀伊守屆書)　慶應三年十二月廿六日　三二六
二三　同鳥居丹波守屆(同上鳥居丹波守屆書)　慶應三年十二月廿六日　三二八
二四　大岡主膳正捕押の屆(大岡主膳正より押捕屆書)　慶應三年十二月廿六日　三二九
二五　酒井左衞門尉家來岡田五十馬同件に付書面(酒井左衞門尉家來同件に付屆書)　慶應三年十二月廿七日　三三〇
二六　酒井左衞門尉同件(酒井左衞門尉より同件の屆書)　慶應三年十二月廿七日　三三四
二七　關所通行の件に付達(關所通行の件に付達書)　慶應三年十二月廿八日　三三七

二八　市在取締の爲め當分の內府內出口所々へ關門取設たるに付達(市在取締の爲め臨時關所設置の件達書)　慶應三年十二月廿八日　三三七
二九　薩邸騷動事件に付合衆國ポルトメンよりの書簡(薩邸騷動に付米國公使館員より書翰)　慶應三年十二月廿八日　三三八
三〇　市中取締の義松平大和守への達(市中取締の儀松平大和守へ達書)　慶應三年十二月廿九日　三四〇
三一　同件に付堀田相模守鳥居丹波守への達(同件に付堀田相模守等へ達書)　慶應三年十二月廿九日　三四一
三二　同件に付酒井左衞門尉への達(同件に付酒井左衞門尉への達書)　慶應三年十二月廿九日　三四三
三三　賊徒討伐の報告(賊徒討伐の報告)　慶應三年十二月廿九日　三四三
三四　同神奈川報告(同上神奈川報告書)　慶應三年十二月晦日　三四六
三五　外國奉行よりアルセポルトメンへの書翰(外國奉行よりポ

ートマンへの書翰）　慶應三年十二月晦日　三四七

三六　岡田安房守布佐村陣屋へ在陣申付けられたるに付安房上總下總常陸國にある領分知行有之面々への觸れ書（岡田安房守在陣被命に付其地知行者等へ觸書）　慶應三年十二月晦日　三五一

同巻之二　自明治元年正月二日　至同年同月廿六日

一　松平太郎外三名より栗本安藝守への書翰（松平太郎等より栗本安藝守への書翰）　明治元年正月二日　三五三

二　川勝近江守より栗本安藝守への書翰（川勝近江守より栗本安藝守への書翰）　明治元年正月二日　三五五

三　松平修理大夫家來の義に付秋月長門守家來團井誠助の書面（薩藩士の件に付秋月長門守家臣の書翰）　明治元年正月二日　三五八

四　松平修理大夫家來堤伴四郎外二名より秋月右京亮留守居

への願書(薩藩堤伴四郎外二名より秋月右京亮留守居へ願書) 附別紙由緒書 明治元年正月二日 三五九
五 戰爭景況の義竹中丹後守より松平豐前守外壹名への書翰(竹中丹後守より松平豐前守等へ戰況報知の書翰) 明治元年正月二日 三六二
六 松平修理太夫屋敷取締番人差出の義松平伊豫守家來への達(江戸薩邸取締人差出の件松平伊豫守家臣への達書) 明治元年正月三日 三六三
七 井伊右京亮への達(同上井伊右京亮への達書) 明治元年正月三日 三六三
八 高輪松平修理太夫屋敷取締番人差出すべく旨木下内匠助家來への達(江戸薩藩邸へ取締番人差遣すへき旨木下内匠助へ達書) 明治元年正月三日 三六四
九 松平修理太夫家來國内の變革に乘し奸兇の擧に及ひたるに付鎭定方處置すへく際に付兵器日本政府の外他人に賣

渡すへからすの件各國公使への書翰（薩藩士爭亂鎮定の際に付兵器日本政府の外賣渡を禁止の件各國公使へ書翰）　明治元年正月三日　三六四

一〇　和蘭商社荷物薩州邸内土藏へ入れ置きたるの件に付和蘭岡士より大坂奉行への書簡（和蘭商社荷物に付同國岡士より大坂奉行への書翰）　明治元年正月四日　三六六

一一　同件に付外國奉行の書面（同件に付外國奉行の書翰）　明治元年正月　三六七

一二　大久保出雲守家來堀内又兵衞の屆書（大久保出雲守家臣の屆書）　明治元年正月四日　三六八

一三　松平修理太夫家來召捕に付大久保加賀守家來武川仲助の屆書（薩藩士押捕に付大久保加賀守家臣の屆書）　明治元年正月四日　三六九

一四　合衆國ミニストルの返簡（米國公使よりの返翰）　明治元年正月四日　三七〇

一五　板倉伊賀守外壹名よりアルビワルケンホルグへの書翰（板

倉伊賀守より米國公使への書翰） 明治元年正月四日 三七〇
一六 魯公使よりの書翰（普國公使よりの書翰） 明治元年正月四日 三七〇
一七 伏見鳥羽戰爭の儀に付鉾太郎より大隅守等への書翰（鳥羽伏見の戰況を鉾太郎より大隅守等へ報知書翰） 明治元年正月四日 三七一
一八 和蘭公使より申來る書翰の件に付小笠原壹岐守外壹名よりの書面（和蘭公使より來翰の件に付小笠原伊勢守等の答申書） 明治元年正月五日 三七三
一九 同件に付松平太郎外三名より山口駿河守等への書簡（同上に松平太郎等より山口駿河守への書翰） 明治元年正月五日 三七四
二〇 板倉伊賀守酒井雅樂頭より各公使への書簡（板倉伊賀守・酒井雅樂頭より各國公使への書翰） 明治元年正月六日 三七七
二一 合衆國公使より小笠原壹岐守への書簡（米國公使より小笠原壹岐守への書翰） 明治元年正月十日 三七七

二二 松平修理太夫各邸取上けに付木下内匠助への達(江戸薩邸取上に付木下内匠助への達) 明治元年正月十六日 三七八
二三 松平修理太夫家來黑川裕次郞の義に付秋月長門守家來鈴木練太郞の書面(薩藩士黑川裕次郞の件に付秋月長門守家臣より屆書) 明治元年正月十六日 三七九
二四 黑川裕太郞より秋月長門守家來への書面(黑川裕太郞より秋月長門守家臣への書翰) 明治元年正月十六日 三八〇
二五 松平修理太夫家來歸國に付長井筑後守の達(在江戸薩藩士歸國に付長井筑後守の達) 明治元年正月廿六日 三八〇

同卷之三 自明治元年正月十二日 至同年三月六日

一 魯・瑞・葡・白コンシュルへ武器買入方の義書簡案(魯・瑞・葡・白公使へ武器買入方の書翰案) 明治元年正月十二日 三八七

二　大坂表於て英・佛・米・蘭・孛・伊公使への達の義に付外國奉行の書面（大坂に於て六國公使へ達の件に付外國奉行の上申書）　明治元年正月十三日　三八七

三　合衆國公使よりの書翰（米國公使よりの書翰）　明治元年正月十三日　三八九

四　神奈川奉行への達（神奈川奉行への達）　明治元年正月十五日　三八九

五　兵庫於て備前の兵隊暴行の件に付各國公使への書翰（兵庫に於て岡山藩士暴行に付各國公使への書翰）明治元年正月十七日　三九〇

六　ポルトメンより外國奉行への書翰（米國公使館員ポートマンより外國奉行への書翰）　明治元年正月十八日　三九一

七　同老中への書翰（同上老中への書翰）　明治元年正月廿一日　三九一

八　外國奉行よりポルトメンへの書翰（外國奉行より米國公使館員ポートマンへの書翰）　明治元年正月廿五日　三九二

九　別紙将軍より奏聞書 薩藩奸黨之者罪狀書（同上別紙）　明治元年正月　三九三

一〇　ポルトメンへ引合の際軍艦雇上け武器買入方の義談話有之趣依田伊勢守より江連加賀守への書翰（米國公使館員ポートマンと應接趣意依田伊勢守より江連加賀守への書翰）　明治元年二月四日　三九三
一一　普告　米國之分・蘭（普告）　明治元年正月廿五日　三九四
一二　水野若狹守米國ポルトメンへ對話の節同人申立書（水野若狹守米國公使館員ポートマンへ對話の節同人申立書）　明治元年二月四日　三九四
一三　江連加賀守より水野若狹守への書簡（江連加賀守より水野若狹守への書翰）　明治元年二月五日　三九四
一四　武器賣買差留方各國公使觸書文言の義に付神奈川奉行の書面（武器賣買禁止布告に付神奈川奉行よりの書翰）　明治元年二月六日　三九五

一五　同件に付各岡士へ書簡案取調の義外國奉行の書面（同件に付書翰案取調方外國奉行への書翰）　明治元年二月六日　三九七
一六　ポルトメンよりの書翰（米國公使館員ポートマンより川勝近江守への書翰）　明治元年二月廿三日　三九五
一七　川勝近江守の返翰（同上川勝近江守よりの書翰）　明治元年二月廿三日　三九七
一八　佛水夫十一人大坂北方を測量せしとき殺害に遇ひたるの件（佛國水夫遭害の件）　明治元年二月廿三日　三九八
一九　ハンリードの書翰（ハンリードより山口駿河守への書翰）　明治元年二月廿三日　三九九
二〇　ポルトメンよりの書翰（米國公使館員ポートマンより川勝近江守等宛書翰）　明治元年三月朔日　四〇〇
二一　江連加賀守より新聞報告送越に付ポルトメンへの書翰（同上江連加賀守よりの返翰）　明治元年三月六日　四〇一

二三　パークス襲撃を受けたる義等報告の件に付ポルトメンの書面（英公使遭難等の件に付ポートマンよりの書翰）　明治元年三月六日　四〇二

○附録

一　亞墨利加國内戰亂に依て局外中立一件　文久元年八月　四〇三
二　英公使戊辰兵亂中外交を何れに議せしや詰問一件　明治元年正月　四〇九
解題　丸山國雄　四二一

明治
戊辰

局外中立顛末

原書この題號なし、今私に題す

明治紀元の春一時內地紛擾の事ありて結盟の各國中立不偏を固守す時機兵亂頌冗の際記錄粗漏偶筆乘あるも散軼多く其首尾詳悉ならす於此去る辛未の秋本省中文書司に概略を編纂せしかとも忽卒の輯錄脫漏尠からす事情を盡すに至らされはにや本年四月正院歷史課より其書に就て審問の事あり因て校正の省命を奉り更に省中の典籍を始纂錄し尙金川兵庫兩縣の記錄を原め尙家乘私記等を涉獵考證に備ふへき者は採摭し或は當時從事の舊官員に詢問準據と爲すへき者は攢記し彼此對照時勢を精覈し用捨參酌を加へ漸次を逐て編成る者全部四卷大約中立の權輿より結局までを知るに足らん歟故に題して戊辰中立顛末と云ふ然れとも彼我の對話に至りては筆記無けれは未た闕漏あるに似たり固より謬誤杜撰の責を免るへ

きゝあらねは仰願ふ後官裒益して遺漏を補ひ是正を加へ精確の定本と爲さん事を因て編輯の縁由を卷首に略記し訂正の期を竢つと爾云

明治七年八月

外務省記錄局

凡例

○慶應三年前内大臣德川慶喜時運の變遷を鑒み太政を返上し將軍を辭す
於是
朝政復古萬機御一新の際に臨み一時内國紛擾兵馬兵艦海陸に馳縦す此時に膺り各國公使に局外中立を布告ありしに因り公使在留其國民等へ布令國民不偏を固守する事同四年九月八日改元明治正月二十一日洋暦千八百六十八年第二月十四日兵庫港にて起り同年十二月二十八日洋暦千八百六十九年第二月九日橫濱港にて廢止の布告に終る然れとも先是正月三日未た鳥羽伏見の戰爭起らさる以前浪華に於て舊幕府の閣老連署の書翰を各國公使に贈り薩藩の爲に軍艦兵器を賣與へ或は指令官兵卒を貸す等總て彼の兵力を援くるの處置無からしめん事を其國臣民等へ布告を請求す公使承諾翌四日其國臣民へ局外中立を布告す然れは
朝廷の御布告より十九日以前にて是則ち内地騷擾に因て各國人局外中

立の法を設けし權輿と云ふへし其後
朝廷より再ひ御布達ありて彌外國人萬國公法に基き中立不偏を固守する事其間際凡十三月にして畢れり

○其顚末を記錄せしもの無く去る辛未明治四年の年本省中文書司に此事件を編輯するに記錄乏しく兵庫縣及神奈川縣兩廳の記錄を謄寫本省の記錄に對照し脫漏を補ひ尙疑はしきは英米佛蘭獨等の公使館を探り當時施行の往復書翰の本書を校讐し修補する者も少からねと彼にも全備するにあらねは未た首尾を全くするに至らねとも諸書を參考日次を逐ひ往復の順序を立編輯し粗顚末を合すと雖も尙足らさるに似たるは其始兵馬騷擾の時且未た官員も人少事務多忙にして往復書翰の記錄も全く備はらさりけん有往無復無往有復又は彼ありて此なきも尠からす仍て面晤の事に至りては殊更に備忘の筆記乏しきは當務に紛冗して執筆の餘暇なきの所以なるへし尤其事に關りし官員の私記はあるへけれとも轉

任免職死失等にて其記も如何なりけん今事の首尾を詳細するに所由なし

○記中正月廿一日兵庫に於て最初に遣くられし書翰に答ふ各國の回翰一紙の所見もなく且其時局外中立を各國の人民に布告の書も全く備はらねは辛未七月書翰校讐の命を奉し文書大少佑大少令史等英館に至り同館所藏の往復書翰横文翻譯の和文原書及彼よりの往復和文草案等をも點撿するに右回答及局外中立を布告するの報知を載せす書記官エルネストサトウに問ふに年を經たれは暗記なし原書を穿鑿して有無を答へんと約し其後同人來り其時の横文原書を捜索するに兩回翰なし思惟に面晤に談して書翰はなかりしなるへしと云ふ布告の印本三葉を我に交付す其三葉の一は初度兵庫にて權に布告の書にて二は英國皇帝に奏し其命令を奉し更に布告するの書なり三は局外中立を廢止以上三度の布告書也　皇暦正月廿一日は洋暦千八百六十八年第二月十四日にて通禧

より武器船艦賣渡云々の請求に應し同廿五日洋暦第二月十八日各國公使一同局外中立を布告す全國平定同十二月廿八日洋暦千八百六十九年第二月九日神奈川に於て中立不偏を廢止するの布告に千八百六十八年第二月十八日或は日を脱し二月とのみ書けるも有りて布告文は各國大同小異英國特り局外中立嚴重可相守樣五月十四日西暦ウイントゾルの朝廷に於て被仰出候趣皇帝陛下の人民へ余の布告書を以て云々とあるに據て考ふれは各國より遼に後れ洋暦五月十四日は　皇暦四月廿二日にて各國の布告より較五十餘日を經て英國帝に奏し其後第七月十三日臣民へ布告すとあれは洋暦の第七月十三日は　皇暦の五月廿四日にて其間六十一日前後合して百十餘日の後に布告せし如く聞ゆれとも初廢兵庫にて各國一同中立不偏を布告したりしは勿論なり然れとも此書を以て考ふれは獨英國而已自餘各國の布告と月日太く矛盾するに似たり因てサトウに其所以を問試しに最初兵庫にて公使の權を以て權りに中立の布告を爲し直

に本國皇帝に奏し下命を請て更に中立固守を嚴達する事英國の規則也因て第七月十三日　皇國五月廿四日を以て布告の日とすと答ふ

○總て此事件而已ならす丁卯の冬より戊辰の二月まては記錄全からす外國往復の書も首尾連續せさるもの多し是は丁卯の冬は舊幕府外國局を京攝と江戶とに置戊辰正月の騷擾に書類散逸せし者もあるへけれはにや今網羅するに往復具足せす頗る錯亂あり且御一新以後戊辰二月頃にての事件は記錄する者十の一にも至らす漸く三月以後よりの記錄は略備はるといへとも未た脫漏多く顚末詳細するに據なき者尠からす翌己巳の年に至り諸記錄較整備し諸事件其顚末を判然するに至れり因て今戊辰中立顚末編成すと雖も尙首尾審ならさる者は每件に其旨趣を記載し以て參考の一端とす

引用書目

○外國事務局日記
○兵庫縣記錄抄錄
○丁卯各國往復書翰留記　舊幕本
○丁卯各國御用調所留記　舊幕本
○丁卯諸綴込記　舊幕本
○戊辰各國往復書翰留記　舊幕本
○戊辰英國往復書翰留記　舊幕本
○戊辰米國往復書翰留記　舊幕本
○戊辰蘭國往復書翰留記　舊幕本
○戊辰諸綴込記　舊幕本
○丁卯各國往復書翰扱記　舊幕本

○戊辰各國往復書翰扱記 舊幕本

○戊辰各國往復書翰留記

○戊辰英國往復書翰留記

○戊辰佛國往復書翰留記

○戊辰獨國往復書翰留記

○戊辰蘭國往復書翰留記

○英國公使館書翰案存

○戊辰神奈川縣各國往復書翰留記

○知事公使岡士協議決定事件

○館寫修補蘭國往復書翰輯錄 丁卯 戊辰

○館寫修補獨國往復書翰輯錄 丁卯 戊辰

○館寫修補英國往復書翰輯錄 丁卯 戊辰

○館寫修補佛國往復書翰輯錄 丁卯 戊辰

○館寫修補米國往復書翰輯錄丁卯戊辰
○金川在官與各國公使岡士協議決定事件
○戊辰各國往復書翰留一番之記金川縣廳本
○同二番之記金川縣廳本
○行在所日誌
○東京城日誌
○戊辰中立評議存慮輯錄
○明治二年庶務記錄
○鎭將府日誌
○戊辰金川府日記
○同別集
○戊辰記簿第一號
○通信全集

戊辰中立顚末巻一

○提要

慶應三年

十月

○十五日　德川内府太政を奉還

○二十四日　内府征夷大將軍を辭す

十二月

○九日　内府の上表總て制可せらる

○十二日　内府會桑始臣屬を率ゐ二條を退き難波城に入る

○十六日　各國公使大坂に登城内府に謁す是太政返上將軍職を辭して後外國の交際其治定を聞し事を請ふ内府交際違約あるへからさる旨を說

示す此書各館にあり

○二十五日　早朝旗下の臣族幷忠篤か兵等相合し大兵を以て芝三田新馬場なる薩州の上邸を圍み發砲放火烟中に其徒を誅戮し或は捕縛す

同四年九月八日改元明治洋暦千八百六十八年

正月

○三日　閣老雅樂頭酒井忠惇伊賀守板倉勝靜豐前守松平正質連署の書翰を各國公使に投し薩藩の士國內の變革に乘し好兇の擧に及ふを以て將に鎭壓の處置を加へんと欲す嘗て其國と條約中に揭載する所の禁を犯し貿易を爲し軍器兵艦等都て日本政府の外他人に賣渡すへからす且開港場の外船を寄する事を許さす等の諸箇條を嚴重に守るへしと其國臣民への布告を請求す此書各國公使館にあり是　天朝に對するにはあらねと局外中立を外國へ布達するの先鞭なり

○同日　内大臣の先鋒鳥羽伏見に戰爭す
○同日　各國公使中立不偏を在留臣民へ布令す抑内地騷擾局外中立は則之を以て權輿とすへし
○六日　閣老酒井忠惇板倉勝靜連署の書翰を以て去る三日戰爭の概略及尙討伐の手配ありと雖も自然此表まて襲來せんも難計し素より外國人の保護十分の盡力はすへけれとも各に於ても自國の旗章守護の方略あり度今日の場合別て懇親の衷情を表し益欵接の篤からんは双方最祈念する所言語を竢すとの旨を報知す（此書翰各國公使館にあり）
○八日　内府敗兵を率ゐて關東に歸れり
○同日　議定前中納言實美參與前少將東久世通禧に外國事務取調係を兼さしむ是　朝廷に於て外務事務の職置れし始也
○九日　先是本月三日鳥羽伏見の戰爭發る也卽二品嘉彰親王を軍事總裁と爲す

○十二日　慶喜江戸に歸城す外國奉行連署の書翰を各國公使館書記官へ贈り歸城を報知す（此書有無相半す）
○同日　江戸城外二の曲輪門々の内鎖し各所の橋を梗塞し往來を止むる事をも報知す（共に各館にあり）
○十三日　米國公使館エエルセホルトメン閣老壹岐守小笠原長行へ書を致して德川家の爲に盡力せん事を報く德川家應せさりしなるへし（此書翰及去る十日同人より京師戰爭確說問答の返答同十五日杉浦武三郎出張應接に濟しにや返翰なし）
○十五日　勅使前少將通禧徵士岩下佐次右衛門方平伊藤俊助博文寺島陶藏宗則陸奥陽之助宗光等隨從兵庫港に出張し在留佛蘭西全權ミニストルレオンロセス大貎利太泥亞特派全權ミニストル、サーハルリーパークス荷蘭ホリチーキアケント兼コンシユルゼ子ラール、ドデガラーフフアンボルスフルーク伊太利亞特派全權ミニストル、コーントデラツフール亞米利加合衆國ミニストルレシテント、アルビフワンケンボルク孛漏生シャルゼダフヘールホンブラント以上六名と外國御尋交を談判し各國公使へ　勅書此勅書寫各公使館に藏すを授く次に居留地の警衛は薩長兩藩に命す因て兩藩の兵隊戒嚴あれは毫末も懸念なく安著すへしと演達し兩藩への達書寫今尙所藏の館あり各館にあるには非すを交付し次に神戸備前藩一條及三藩の蒸氣强奪等の件々を談判す

○同日　江戸に於て英國公使官書記官シドニーロコック一昨十五日壹岐守長行か邸に至り公使の使と稱し自今條約固守あるや否を問ふ仍て本日同公使へ長行一名の書翰を以て條約を變すへきにあらす一時上洛の途中薩藩差拒發炮せしより交戰となり事不意に出て勝利を失ひ大坂を退き紀州に入何れにも奸兇の徒を掃除せさる間は貿易販賣施行する事能はす姑く猶豫を請ふよしを回答す此書舊記に見えたり

○十七日　太政官代の内に外國事務局を置二品晃親王山階宮を外國事務總督となし此拜命の日詳ならす同家吉田誠之輔を本省に呼出し問ふ同人の説に正月廿六日と答ふ是十六日の誤にや姑く正院歷史課の説に據り本日の事とす

三條岩倉二公副總裁にて三條公外國事務總督を岩倉公軍務會計事務兩總督を兼ぬ東久世伊達二氏は外國事務總督なり總して七科事務總裁の名なし皆總督なり岩下以下參與皆事務掛と稱す此日嘉彰親王海陸軍務總督に任すともこれは十八日正親町三條氏御使として下坂十九日外國事務總裁辭退聞召されの事と海陸軍務總督拜任の宣旨と一同相達すと三條氏備忘錄に見ゆ

前中納言實美本省議定を以て外國事務副總裁を兼參與前少將通禧前少將伊達宗城を同斷副總裁と爲し岩下佐次右衛門後藤象次郎を其附屬と爲す此日佐次右衛門伊藤俊助寺島陶藏中島作太郎へ兵庫在勤を命す

○十八日　通禧書を贈て佐次右衛門以下三人兵庫奉行と同様の職務を命し兵庫へ在勤させしむるの旨を各國公使に報知す此書各館にあり

○同日　午後第三時佛國公使ウートレイ西丸へ登城す先是德川家の臣屬議論喋々慶喜其鎭撫の爲に素志を遂け難し斷然恭順の決なきを參政內藏頭堀直虎深く歎き恭順を說き諫言すれとも自然《モシ》過激の徒の粗暴あらんかと因循す直虎竟に西城に死して諫む其誠實鬼神を感せしめ暴論漸く治り慶喜の恭順忽決し其事情を各國公使に說明の事を佛國公使ウートレイへ委託すへしと去る十六日書翰案を作りしかとも議變してウートレイを西城へ招き事情逐一演述せは情實遄に到底すへしと長行より昨十八日書翰を品海碇泊の佛國軍艦に贈り本日の登城を議りしにウー

トレイ其意を得招請の時刻西丸へ登城長行等面會現今恭順の事情を懇々縷述し自餘各國の公使へも傳達を委託すウートレイ承諾各國公使へ報知すといへり（此事今記錄するものなし僅に戊辰各國往復書翰取扱記に見えし而已なり總て丁卯の冬より戊辰の春に至りては舊幕府の記錄散逸せしもの多く首尾を全くせす或は草案のみにて施行せざりしと覺しきも少からす殊に對話記は一本も傳はらされは事の順次を詳にするに證すへき據なし）

○十九日　慶喜反逆に就き將軍宮征討將軍の　宣下ありて征討の師を差向らるゝのよし通禧より書翰を各國の公使に贈り報告す（此書戊辰往復留記に見えたれとも各館に所見なし恐らくは草案のみにて達せさるか其は二十一日に又報知の書あれは也）

○二十日　今般　主上各國の條約　御親結に就き早春來從前の條約總て遵守すへしとの　勅命を蒙り嘉彰親王外國係の總督自餘三條前中納言東久世前少將伊達伊豫守等を其副たるの旨親王一名の書翰を投し各國公使へ報知せらる（此書各國公使館にあり然れとも正月九日將軍宮大坂御在陣中に外國事務總督の御奉命ありしは勿論なれとも既に自是三日以前山階宮へ外國事務總督の　朝命あれは此日將軍宮よりの報知書あるは甚疑ふへき事なり然れとも各國公使館に此書あれは贈らせ給ひしは論なし恐らくは其頃殊に多事混雜の最中執筆御名を誤りしにはあらすや其書に載せられし御署二品親王嘉彰と見えたり）

○二十一日　慶喜反逆に就き仁和寺二品親王は征討將軍を命せられ征討あり因て其國政府に於ては何方にも偏頗あるへき筈ならねは慶喜及其命を承る大名の兵卒を運送し又は武器軍艦を輸入し或は其國の指揮官兵卒を貸し總て彼の兵力を助るの處分あるましき事を其國臣民への下令其政府より拿締あらん事を請ふ旨兵庫に於て通禧一名の書翰を各國公使に達す此書各國公使館にあり是　朝廷より各國へ中立不偏の布達ありし始也此日より十九日以前本月三日徳川氏中立の先鞭あれは双方に對し彌不偏を固守する事于此基けり

○同日　江戸に於て米國公使館アルセホルトメンより閣老へ書を贈り本月三日播磨守瀧川具擧か携へし所の薩藩の罪狀書を請ふ此書舊記中にあり

○二十二日　外國奉行連署の書翰を添て贈る此書米館にあり

○二十五日　去る二十一日通禧より布達する所の中立不偏本日各國公使在留の其國臣民等へ布告す此書今本省に記錄するは米蘭兩國の布告書あるのみにて其他は記する者なし辨耳ならす去る二十一日の

書翰に承諸の成否布告の有無を答ふ各國の回翰一紙の所見も無く首尾全かられは辛未七月丁卯戊辰の書翰校讎の爲文書大少佑大少令史英國公使館に至り同館所藏の往復書翰及彼館より本省に往復せし書翰の草案を書翰案存と表題する三册の書あるも借り得て通覽すれども此事に限り漏して記載せさるは右布告承諸及臣民へ布告せし事を面唔に演述し別に文書の回答なかりしにや布告ありしは戊辰二月神奈川奉行より徳川家へ申稟の書に詳なれとも回答なき縁故を知られは同時書記官エルネストサトウに繹しに彼も年を歴たれは暗記なし原書を點撿して詳細を答へんと約し一兩日の後又例の校讎所に來り其時の横文原書彼是捜索すれとも兩なから回翰なし思惟に面晤に談して回翰はなかりしなるへしと云て其節布告の横文印書三葉を與ふ其一は初度兵庫に於て正月二十一日通禧の布達に因て公使の全權を以て權に其國民等へ布告の書にて其には英國皇帝に奏し其命令を奉し更に皇暦五月二十四日洋暦七月十三日在留其國臣民へ布告の書其三は局外中立を廢止の布告也此サトウか返答にて彼にも記錄なく此にも記錄なき所以を知り且豫め推考するに違はざりしを知るのみ今正月二十五日の條に所載の布告書は舊幕府進呈舊記諸綴込記中神奈川奉行申稟の書より抄錄す

○同日　去る十二日慶喜歸城即日江戸城外諸門の内及橋々往來を止めしかども本日より開きて往來差支なからしむるの旨を各國書記官へ報知を外國奉行より神奈川奉行へ委託す此書舊記にあり

醍醐伊達大坂鎭臺の命廿二日にあり本日改て裁判所總督となる東久世兵庫鎭臺亦廿三日なり

○二十七日　大納言醍醐忠順大坂裁判所總督兼外國事務總督前少將宗城同所副總督に補せられ外國事務總督故の如し

○同日　前少將通禧兵庫港鎭臺に命せられ外國事務總督故の如し

○廿八日　將軍宮難波より凱旋

二月

○二日　太政官代へ　臨幸　御親征の　詔を下さる

○四日　卯中刻英國軍艦スチーフ船號兵庫より横濱著港各國公使より先月二十五日兵庫に於て布告する所の局外中立を其臣民へ布告の書を携來り在留コンシユル等へ傳達す是　朝廷よりの中立不偏を横濱在留外國人へ布告の始也前に德川家より中立不偏の布達を承諾し兵庫にては正月四日外國人へ其國々公使より布告せしよしは記錄あれとも横濱にての布告は詳に記錄するものなけれは今知るに所由なし

○同日　此事を米國ホルトメン神奈川奉行若狹守水野良之に報知す又奉行別用の爲め蘭國コンシユルハンデルタックが館に至るに同斷の旨を報け英米蘭三國の公使より各國コンシユルへ布達の趣をも談話せしか良之直ちに江城へ報知す此書舊記にあり

○五日　此時水野良之豊前守依田某の二人神奈川奉行たれども某は所労良之獨事を務む然るに昨日各國人に布告する所の文中御門陛下と大君の間に戰闘起れる云々との文あるを歎き此文を以て天下に公布する時は慶喜　天朝に對し抗衡せらるゝ如く聞ゑ恭順謹愼の主意に悖り不安事也速に公使へ書翰を贈られ文意相反する譯を說き其廉消却之あり度良之等新聞紙局へ示談に及ふとも彼は公用の文字を點刪の權なければ其事行はれ難く旁申稟に及ふよしの書を閣老に進出す此書舊記諸綴込記に見えたり　壹岐守長行其書を收領す

○六日　長行神奈川奉行の申議を外國奉行に交付可否を諮問す奉行收受神奈川奉行の建議理ありと同意し各國公使へは例の如く閣老よりの書翰案を作り公使なくコンシュルのみの國へは奉行連署の書翰案を附し返達す此書舊記諸綴込記に見えたれとも達せしや否今知るに所由なし明治七年四月六日水野千波舊神奈川奉行若狭守良之へ顚末も問ふ千波云へらく其頃閣老へ建白し尙神奈川在留公使等へも　天朝に對し奉り毫末も抗抵し奉るに非す全く先駈の卒忽より一時戰闘の勢に至りしかとも慶喜に於ては深く其粗暴を恐れ速に鎭撫を加へ其を纏めて江戸に

歸城し切りに恭順謹愼を專にす此素志に相反し布告の文を其儘に各本國政府へ報知ある時は慶喜か臣たるの道を守る實義消滅し歎息これより碩なるはなしと屢辨駁したりしは確に覺あれとも建白以後の處分は外國奉行の知る所にして自分關係するにあられは詳にせす尤無事の日は建白採用有無達し來る事もあれとも德川家浮沈の日例の順序にも行はれ難く事脱したるも知るへからす同時在勤の舊外國奉行を訊問施行の有無を報知すへしとの返答にて其日は別れ其後不日にして舊外國奉行を役せし者に面晤し訊問に及ひしかとも混雜中確と施行の有無を覺えされとも面晤に辨し事濟しにもあるへしとの旨を報け施行の實否判然ならす舊幕府進呈の舊記中戊辰各國往復書翰取扱に此書翰の事を載せす各國公使館にも此書翰を傳へさるを以て推考ふれは干涙か返答の如く面晤に濟しなるへし

○十二日　慶喜恭順江戸城を退き東叡山に謹愼す

○十四日　大納言醍醐忠順前少將通禧前少將宗城等大坂西本願寺に會し各國公使と外國御交際の談判として對話外國事務係及諸藩家老侍座其談判中通禧各公使に對し當今戰爭の後は京攝及ひ諸所に鎭撫の官を出し過半其政令行はれ既に各國の諸侯をして德川慶喜征討の師京を發せし上は不日に成功あらんは勿論也然るときは橫濱箱館外國人在住の場所は　朝廷の官吏人民官堵の令に下すへし則慶喜を征討する事實明白の罪狀書を布告すへき也と談す公使其言を聞慶喜を討伐の師既に京師

を發せし上は關東の形勢安心なり難し若し急に　天顏を拜する事ならさりせは速に浪華を去りて横濱に在る人民の爲めに彼地を保護せんと云ふ通禧歷へて明日中には上京の日限報知あるべし先其時まて滯坂以後進退を決すへしと宥む公使推返し　天顏を拜する日限を確定し以て此事を決せんと云ふ通禧又本日必報知あるへけれとも彌確定は十五日と期すへしと答ふ公使漸く承諾して止みぬ（此談判中立不偏に要あるなられと公例征討師の爲めに横濱行を急く事あるを以て于此に載す）

○十八日　慶喜越前少將松平茂昭に就て謝罪の歎願書を進呈す茂昭も亦歎願書を添奏聞す

三月

○十三日　大總督宮先鋒參謀木梨精一郎横濱に於て英國公使と面晤數件を談判す其略精一郎海陸軍大總督宮よりの命に因て談判の爲め來るよしを云ふ公使兼て然る布達なく更に心得す最前上京の刻追討の說を聞

のみ因て自國軍艦を以て外國事務局へ書信に及へり精一郎又云國政一新兵庫は既に　朝廷よりの官員出張し裁判すと雖も當港は舊を存して依然たり必す不日　天朝より鎭撫の當官出張すへけれとも當分當國六浦の領主丹後守米倉昌言に當地の警衞を命られ其餘の官吏は其儘に存すと公使承知し官員の出張迅速ならん事を冀望す當港の形勢何となく混雜にて交易も太く衰ふ是　皇國の御爲ならす因て取敢す自國の兵隊二大隊佛國一大隊出張すといへとも丹後守出張あらは早々引拂すへしと云ふ精一郎又云ふ先鋒の兵隊神奈川川崎を行軍す若各國人と紛紜等ありては以の外也萬事用捨に預り度其旨各國へも傳達を依賴すと演ふ公使云ふ平日は遊行少也但散歩するは日曜日而已既に昨日日曜日なりしかは散歩の者も少なるへけれとも尙是ゟ遊行を止むへし左之右之帶刀人には困究す精一郎又公使に對し慶喜若佛國へ應援を請はゝ佛國如何の應對あらんや公使云ふ西洋の諸洲不條理は承允する事なし其は心

配無要也と精一郎推返し慶喜進退迫り洋行せは英國に於ては如何引受られんや否公使云ふ本國に來り依賴せは容るすへし是は萬國公法也と應接此談迄に日已に晩んとす因て辭別歸陣す此應接書擘要に見えたれとも他に對照すへき記錄なけれは後日の考訂を俟つ

○十五日 御親征難波へ 行幸海軍調練 天覽 仰出さる

○十七日 先是各國公使難波を發足して僉横濱に在り本日午前第十二時佛國公使の名代として昨夜横濱より到著の同國士官フロートンを同伴し英士官ミッスホルト一同大坂なる事務局に出頭す通禧宗城共に面會す兩士官いへらく今日は各國公使の總代として兩人參向せりとて二通の書翰に譯文を副へ遞與しブロートンは五日の間俟へけれは其日まてに決答あらん事を請ふと演述し公使の書牘を交付す其太意條約の各國同僚先般兵庫に於て 朝廷より 天皇陛下の軍兵は横濱市中幷其港大坂兵庫を斥すの外國人民の諸事を注意して妨害なきよしを保擧ありしは各確

然承知する處なり因て兩三日以前より倩其實効を視驗するに軍司令官は親切なりと雖も横濱在留の外國人を安穩に保護するの必配少からす頗處置に困苦す方今神奈川奉行　天朝の御沙汰次第交付すへき準備全く整ひ下向を俟つと告知す因て迅速　天朝の長官下向土地を收領せられ而して收領ある旨の報告に預り度其下向延引なるを以て各國同僚人民保護の處置を爲せり官員下向あらは直ちに警衛を休むへし就ては自今横濱平穩恢復の處分を冀望するは勿論にて　天朝政府と往復一定の方法を立られ外國事務總督を横濱に置れん事を願ふ等の件々を載せたり又別に公使連署して通禧宗城に寄する書翰をも附したり其書翰も旨意前に異なる事なし唯出張を促す事最切迫なるのみ次にミッスホルトはパークスより自身へ來る所の書翰を讀む其文中横濱は大馬頭たり總督の外屬吏二百名許必要なるへし尤守衛の指揮官も右人員に加へて斯の如しミッスボルトか考に總督始出濱あるとも毛頭懸念なきは公使の

申稟の如しと雖も尙航海中の警衞として英國軍艦護送すへし此時宗城各國公使よりの書牘且足下の說示の趣　天朝に奏聞せは不日評決勿論なりといへとも督補の內出濱は華庫兩港に蒸艦在り合はさるにより少々延引すへしミッスボルト又云ふ督補其他七八名は當軍艦より護送すとも故障あるに非すと對話于此盡き退引即刻書牘及說示の旨趣を奏聞す（此書擘要に見えたり本省記錄するものなし）

○同日　海陸軍大總督二品熾仁親王の令旨を橫濱在留英國公使に託し各國公使に達す令旨の大意一は慶喜兵力を以て　皇都を犯し一敗の後妄擧從助の諸侯と共に江戶城に歸り以後の擧動分明ならす因て僕等海陸軍大總督の　朝命を奉し其罪を糺さんとす此旨各公使へ傳達の依賴又一は米倉丹後守にして橫濱を守らしむるの報知也

○二十日　各國公使より官員橫濱出張を促來に就き本日前少將通禧か兵庫裁判所總督を免し橫濱裁判所總督と爲し侍從鍋島直大を同所副總督

と爲す

○廿一日　御親征海軍　天覽として難波へ　御發輦

○同日　佛人フロートン英人ミッスホルトか携來りし十七日各國公使連署の書翰の回答に通禧直大鎭臺を命せられ徵士井關齋右衛門大隈八太郎陸奥陽之助其外附屬の人數引連佐嘉蒸氣船より不日出帆の旨を報知す

○廿三日　難波　御著輦

○此頃兼て舊幕府へ雇入の海軍敎師等自然《モシ》軍事に役する事あらんかと懸念し局外中立同國公使館へ引戾せり佛國よりも陸軍敎師來りしか是も同時引戾せしや否記錄なけれは今詳にするに所由なし

四月

○四日　東海道先鋒總督江戸入城慶喜御處置傳達

○六日　御請書進達

○十七日　前少將通禧侍從直大判事寺島陶藏井關齋右衞門以下橫濱著港

○二十日　神奈川奉行水野若狹守より同所官廳始附屬の諸記錄貯蓄の金穀共に進出總督判事點撿公收訖以後若狹守案內巡撿且舊吏の內其儘召仕はるゝ者は殘り其餘は若狹守一同江戶へ歸府す

○同日　兩總督より各國公使へ書翰を以て從前岡士へ神奈川奉行より照會の事件は自今判事より交議に及ふへき旨を報知す

閏四月

○五日　神奈川在勤判事連署の書翰を以武器は政府の外賣渡へからすと大坂に於て各公使へ事務總督より達の趣もあれは此地に於ても銃砲玉藥賣却の節は裁判所役人差添し者のみに賣渡し其外自己に買ふ者あらは其名を糺し差支の有無賣渡以前裁判所へ申禀すへき旨を各國岡士へ通達す是米に送致の番號則第七號也

○十四日　淸水谷侍從箱館裁判所總督土井能登守其副を命せらるゝ旨を

各國公使へ報知の書翰を達す

○廿一日　去る五日神奈川在勤判事より各國岡士へ武器賣渡云々布達書の内米國第七號書翰に大坂に於て總督より各國公使と約定云々は更に承知せされは公使へ訊問の上返答に及へしとの回答來る

○廿三日　右岡士再ひ書翰を以て公使へ訊問せしに兵庫にての約定はあれとも大坂にて然る事なしと答へたりと報知す

○同日　先是東奥の出張佐嘉藩隊長亞米利加人に談判し其持船を雇ひて陸奥國松島へ兵卒兵器を運送せんとす此時亞國大船指揮役兼て局外中立の布告あれは兵卒兵器を運送の爲に船を貸すは法令に違へりと止めて許さす因て其雇に役する事を得すと告て辭す此談判最初より裁判所の關係あるにあらねと主用の事實急務なるを以て去る正月廿一日兵庫に於て布達に及ひし局外中立を解き雇船の故障なからしめんと總督連署の書翰に行在所日誌抄出を副へ各國公使へ布達す

○二十六日　英佛米蘭孛の五公使より去る廿三日の書翰其趣意未た分明ならす猶委細の通達なくては各國同列處置の評議に及ひ難し或は慶喜への命令幷同人遵奉の書をも一見の上同列協議すへしなと各同様の回答來る

○二十七日　又判事連署して當月五日に所達の第七號の書翰中於大坂公使へ事務總督より云々は全く筆者の誤なるよしを謝し尙武器の賣法は請求の如く處置を請ふ旨を文通す

○二十九日　意太利亞公使去る二十六日外公使よりの回答と同斷慶喜へ命令及同人遵奉の書翰請求の旨の返翰來る來翰日附は各國同斷也

○同日　德川龜之助をして宗家を嗣しめらる然れとも未た封領を定られす

五月

○二日　先是先月廿六日各國公使より請來る慶喜への御沙汰書幷同人遵

奉書の寫を添通辯は出府に因に直大一名の書翰を以て先月下旬送致の書翰文意誤謬あるものと交換す

○八日　去月五日判事より各國岡士へ武器賣法を示達せし回答として英國岡士より其國民へ布告の書を添達し來る此書のみ記錄ありて其他各國の返翰及布告書等なきは本文に詳也

○七日　米國公使へ局外中立一件に付き第六號の書翰文意に誤あるにより本月二日無號の書翰と交換の應接に及はせしに彼如何の心得にや其書翰を裂弊て返し來る因て定役幷三橋作右衛門を遣りて其無禮を責む公使云米國の法他より來る書を返す事なし然れとも士官を以て每度の請求止事を得す厚意を以て返却す因て向後不用物を示し引裂返却に及ふ處にして別段子細あるに非すと答ふ作右衛門其返答を聞歸て報く

○十三日　先月中山階宮宇和島少將坊城侍從連署して慶喜降伏謝罪の旨大總督宮より奏聞あるに依て　寛大仁慈の　御處置あるへく就ては去

る七日京師　還御云々各國公使は報知の書翰各通にて達し來る此書各國公使館にあれとも只閏四月とのみありて僉日附脱す

○十八日　先是各國公使新潟開港を促せとも戰地なれは鎮定まて開港なり難き旨通禧一名の書翰を達す

○十五日　上野屯集徳川家彰義隊の賊征討忽滅亡す

○二十日　右征討の一件各國公使へ報知通禧一名の書翰に御沙汰書御布令等の寫を添達す

○同日　通禧書翰を以て去る七日書翰を裂擲りて返せし米國公使の無禮を責む

○廿二日　米國公使一昨廿二日彼か無禮を責し答に下吏の言而已を信用し事實を糺さゝるに因り此方の厚意を不知不貫徹の書翰を贈らる書翰を返せしは我厚意也其謝辭あるへきは當然なるに却て厚意を責るの書通あるは不當也と答ふ此後の往復記録なし恐らくは應接上に濟しか今詳にするに所由なし

○廿四日　英國公使本日其國民等へ更に局外中立を布告す先是正月廿五日兵庫に於て各國一同公使の權を以て布告に及ひしかとも尙本國帝王に事の由を奏し帝王承允して洋曆第五月十四日皇曆四月二十二日彼國都府に於て命を下し其書橫濱に到來更に本日再其國民へ布告せし也是は其國民に徇しのみにて別段外國官へ報告あるにあられは往復の書翰なし

○廿六日　先月五日判事連署第七號の書翰大坂に於て云々の文あるを故障し往復數回同月廿七日第十五號の書翰に筆者の誤也と其卒忽を謝し尙布告請求の書翰を贈りしに狀實貫徹やしたりけん本日米國岡士より其國民へ布告書の寫を添布告報知の書翰

○同日　各國公使へ通禧一名の書翰を以て德川龜之助を駿府の城主と爲し領地を賜ひ大納言茂德一橋中納言德川慶賴田安を自今藩屛の列に加へらるゝ等其餘の件々を報知す

六月

○二日　米國公使書翰を以德川氏へ御下命の件々報知の趣承知然るに德川家異議遵奉せしや否尙報知を請ひ來る

○十一日　本日米國公使へ龜之助些異議なく遵奉せし旨を回答す

○十八日　德川龜之助宗家相續所領をも下賜して因て早春以來諸道府藩縣管內の地に揭示する所の其一は德川內府守內の形勢云々又一は德川慶喜天下の形勢止を得す云々の二札を廢除すへしとの御布告あり

七月

○十八日　奥羽北越の海岸へ外國船密行貿易の聞えあり現今彼地は戰爭の地海陸より官軍輻湊自然暴激の擧動あらんも計難し必密行なからしむへしと三條右大將よりの示達書到來因て其來翰寫を添通禧より書翰を以各國公使へ布達す

○十九日　米國船に於ては一艘も至るを聞ず當今局外中立の法を守るへき旨は滯在の領事官へ布令し且同所は未た開港地ならさるは因より承

知なる旨の回答來る

八月

○九日　孛國チャルジダエッフエールスよりも局外中立の公理を保守す云々の返翰來る（新潟封港一件中の書なりといへとも局外中立文あるを以て參考の爲載于此）

○十一日　徳川龜之助より自家政權を　朝廷へ返し奉り七十萬石を賜り諸侯の列に加へられし事は既に　朝廷より御布告の通にて以來外國交際は　朝廷に於て御處分あらせらるゝに就き自家は一切關與なき旨を各國公使へ報知の書翰に尙判事連署の書翰を添各館へ配達す

○十二日　蘭國公使館書記官より徳川龜之助よりの書翰收領の旨の回答來る

○二十九日　去る十九日榎本釜次郎以下の舊幕臣開陽回天蟠龍神速長鯨大江鳳凰の軍艦に乘て品川海を脫す因て本日通禧一名の書翰を以て各國公使へ報知す

九月

○十九日　各國公使橫濱在留に就き關東行在中外國官一同供奉を命せらる因て本日權判事以下京を發し同廿九日大坂より浪華丸に乘船同廿七日品川着船一同東京に上著知官事其他官員供奉に列し東下す

十月

○廿六日　奥羽平定御國內安全の旨を各國公使へ通禧一名の書翰を以て報知し岡士へは判事連署の書翰を以て報知す

十一月

○四日　知官事宗城一名の書翰を以て御國內全く平定に就き局外中立は更にあるへきならねは各國政府へも報知を請ふ旨を達す

○十日　通禧一名の書翰を賜り脫艦箱館へ襲來防禦の兵寡く知府事淸水谷公考始附屬の官員一先奥州靑森へ引上同所は政府の官吏なけれは同港恢復までの間各國の商船回漕なかるへしと布達す此一件は往復數回の書あれとも于此要あるに

あられば只戰鬪の事あるより公使等局外中立を解事なきの一に就き于此揭く

○十八日　獨乙公使より箱館港へ回漕の船を止る事佛蘭伊英米等の公使協議に及ふの處各國の人民彼港へ住居幷商賣を禁せらるゝ道理なけれは過日の懇望に任せ難く獨乙臣民は局外中立の法を固守し事件に關係する事なからしむへき旨を岡士へ布告に及ひ置たりとの書翰到來す

十二月

○朔日　御國內平定を示されんと　先帝大祥の御祭祀及本年中　立后御決定入內の御儀式を行はせらるゝにより本月上旬一先　還幸更に明春東京へ　臨幸あらせらるへしとの御沙汰　仰出されし旨を通禧一名の書翰を以て各國公使へ布達す偖御國內平定の旨を追々各國公使等へ報知ありと雖も未た不貫徹の事やありけん局外中立廢止布告の請求に應せす然るに脫艦函港に襲來頗暴行誅伐を加へらるへき軍議切なれとも賊に數隻の軍艦あれは官軍にも堅牢の船艦無くては討伐不便なりと雖

も米國公使局外中立を主張し交付せされは先つ中立不偏を廢止し而後裝鐵艦の談判に及ふへしと三條岩倉兩輔相及通禧同行横濱出張各國公使へ談判あるへしと下令に就き判事の書翰を各國書記官等へ贈り本日十二時までに著濱面晤を請はるゝ要件あり因て各館の内何れにても適宜の方へ會所を定め報知あるへき旨を請ふ然るに迎船破損ありて遂に翌四日に至り岩倉輔相幷通禧同行著濱同日第二時面會を請ふよしを又判事よりの書翰を以て書記官へ通達すら（此返翰記録なけれは今詳にするに詳なられと本日應接ありしは次の條下の分）註に云ふ如し

○同日　岩倉輔相副知事通禧公使館に於て各國公使と應接す（此應接筆記なけれは談判の顚末を詳にするに所由なし然れとも本日の面晤に全く示談の整ひしは明四日輔相より各國公使への書翰にて明亮なり）

○四日　岩倉輔相より各國公使へ書翰を贈り既に會津仙臺米澤も降伏東京に著其餘も不日到著今は國内干戈を動し政府に抗衡する者無く全國平定政令の出つる所一途に歸すれは局外中立を廢止するは當然也委細

は昨日の面晤に盡したり因て速に廢止あらん事を冀望すとの旨趣を照會す

〇十一日　各國公使より去る四日國內平定に因て局外中立廢止の布告請求の示意に應せんと欲すれとも廢止は各國同時布告すへし然るに未た同僚商議に及はす暫時の猶豫を請ふ旨の回答を來す各國文意同義唯文章に小異あるのみ

〇十二日　尙平定を示さんと通譯一名の書翰に東京城日誌を添へ各國公使へ達す

〇十三日　先是英佛兩公使德川家の脫臣榎本釜次郞松平太郞より箱館に於て右兩國岡士へ依賴する所の歎願書を携來て進出すれとも其書を收領すへき條理ならねは旣に昨十二日岩倉輔相英佛公使に面晤委細を談判し本日判事山口範藏書翰を以て英國公使代アダムス佛國公使代コントデモントベルロへ右歎願書を返却す其文中に明十四日局外中立廢止

一件に付各國公使へ岩倉輔相面會致され候筈に付云々と見えたれは輔相再度の出張は局外中立廢止の談判なりしは論を竢たす

○十四日　去る三日岩倉輔相各國公使と面晤談判を盡し翌四日更に局外中立廢止請求の書翰を投し尋て一昨十二日奥羽諸藩御處置をも贈り只管內地平定の狀實を告け示せとも未た氷解せさる所やありけん廢止布告の報知もなけれは再岩倉輔相副知官事猶談判あるへしと明十五日橫濱出張の旨を判事より英國ウイルキンソンへ書通す此返翰記録なし

○十五日　午後第二時輔相副知官事寺島知縣事同伴英國公使館へ出張各國公使面接局外中立廢止一件幷脫艦乘組の者の歎願書は接領なし難き旨の辨解等件々を談判す此應接筆記なけれは其委曲を詳にする所由なし

○廿八日　去る十五日輔相再應の辨解にて各國公使氷解やしたりけん本日局外中立廢止を在留其國臣民へ布告せし旨にて布告書を添へ各國一同達し來る其中に米國公使アルビファンファルケンボルクか書翰に本

日余か觸たる布告の寫を余今閣下に呈す就右余ストーンウヲール船引渡方の儀に付談判せんと欲する旨を閣下に謹て報すの文あり其餘は僉布告報知の文而已なり

明治二年洋千八百六十九年

正月

○二日　舊臘二十八日各國公使より客歳閏四月以來談判の局外中立廢止布告の報知ありし中に米國公使よりの書翰に裝銕船交付方の縡に就き談判せんと欲するの文あるに依て副知事官一名の書翰を以て來る六日自身幷判事の內一人同行第一時迄に横濵へ出張談判に及はん旨を報知す此一件は裝銕船一件に詳なれは只此書一通を載せ其餘は略す

○十四日　舊臘二十八日各國公使より局外中立廢止布告報知の書翰に副知官事一名の回翰を達し英國公使は自餘の公使と月日附の相違あるに

より文言を異にし蘭國岡士へは判事連署の書翰を以て回答す于此於て局外中立結局に至れり抑丁卯十二月廿五日江戸に於て薩邸襲撃の事ありて翌戊辰正月三日閣老連署の書翰を贈り薩藩へ軍艦軍器を賣渡し或は指揮役兵卒等を貸し總て兵力を援くる等の處置無からしむへしと各國公使へ大坂に於て布達に及ひ公使首肯し翌四日其國民へ布令せしかとも豈計三日の夕刻鳥羽伏見の戰爭起り王師に抗抵竟に錦旗に發炮せしより忽ち征討の師を向けらるゝに至り同廿一日兵庫に於て今度は天朝より德川家を始其命に從ふ諸藩の爲に軍艦軍器を賣渡し指令官兵卒等を貸し總て彼の兵力を援くる類の處置なからしむへき旨を東久世中將より各國公使へ布達ありしより同十二月廿八日まて其間際閏月共に十三月既に閏四月廿三日初て廢止の請求ありしより後七箇月彼れ緈を左右に假託首肯せさりしは奥羽北越の戰亂止されはなるへし十二月十二日奥羽北越叛藩御處置の次第を報知し尙輔相副知官事の應接に事

狀貫徹し脫艦の者函館亂暴は未た平定するにあらねと各國公使齊一承諾して僉一同に局外中立を解し也最初德川家より布達の末は遂に別段廢止の書通もなく自然流れとなりしなるへし是內地騷擾に就き萬國の公法を以て外國人中立不偏の法を固守せし大綱にして其明細に至ては本文に詳也

一於大坂閣老より各國公使への書翰　明治元年正月三日

慶應四年戊辰正月三日

以書狀啓上候松平修理大夫家來其國內之變革に乘し奸兇之擧に及候に付夫々鎭定方處置可及と存候就而は兼而條約中揭載せる通之禁を犯し貿易をなし軍器兵艦等都而日本政府之外他人に不可賣渡且開港場之外船を寄るを許さす等之諸ケ條を嚴重に相守候樣其國臣民へ御布告有之候樣致し度右等之ケ條無事之日にありては一箇之約條に候得共內亂之時に當り候

ゟは最大之緊要事に有之故に前之場合も有之輕過たるものも後の場合にありては萬國公法上に於て大なる違背之廉と可相成候貴樣幷御同僚御一同國内之事に付ゟは關係不被成旨過日我
大君殿下ゟ御申立有之候通貴國人民條約面之趣を一々相守候樣相當之御處置有之度存候兇徒鎭定方不得止時は力を用ひ服從せしめ候儀可有之候且海軍諸船之指揮官等之條約を破る船々之有無を嚴敷撿査する樣下命致し置候間貴樣に於て其事之發するに及て正理に基き貴國之仕來を以て同意御處置有之候樣致し度右松平修理大夫に屬せる諸船軍艦商舶之無差別見掛次第捕押萬一强ゟ防禦及候節は力を用ゆる樣既に下命及へり若右船中外國人乘合居候節は勉めて危難に逢さる樣取扱ひ其上にゟ其國官吏へ引渡すへし若又力を用ゆる節は氣之毒なから其者之不了簡より出し事故多分は命を危ふする事可有之貴國軍艦之指揮官等へは其船々之近傍に於て

大君政府之船と賊船と放發之事に至り候儀有之候とも決して其場へ立障る事無之樣御處置被成候儀は素より疑を容さる處に候右
大君殿下之命に依て此段可得御意如斯に御座候以上

正月三日

松平豐前守
板倉伊賀守
酒井雅樂頭

シヱルハリヱスパルケスケシビ閣下

此書舊幕府進呈の書翰留幷各國公使館にあり各同文言

前書翰大坂に於て各國公使に達し其旨江戶へ報知同十五日閣老長行橫濱在留瑞西代任コンシユルゼネラール魯西白コンシユルへ達し方を外國奉行へ下問す奉行所存を申禀し以後神奈川奉行へ令して各國岡士へ達したるなり然れとも應接に事濟たれは今書記する者なし

神奈川奉行へ覺

英佛米蘭孛公使へ別紙書狀寫之通相達候間得其意瑞西代任コンシユルゼネラール魯西白コンシユルは其方共より右御趣意柄徹底致し候樣篤と引合候樣可被致候事

右正月十五日壹岐殿御達し

一於坂地英佛米蘭伊公使に被遣候御書狀寫添之

今般大坂表於て英佛米蘭孛伊公使へ別紙御書狀之寫之通り被差遣趣にゐ去る十日御下ヶ相成候に付一覽仕候に付右は瑞西代任コンシユルゼネラール魯衞白コンシユルゐも同樣御達し相成候哉奉存候間神奈川奉行へ右御書狀寫御下ヶ相成御趣意徹底いたし候樣右コンシユル共ゐ篤と引合可申旨同奉行ゐ被仰渡候樣奉存候依之書類返上此段申上候以上

辰正月

山口駿河守
朝比奈甲斐守
江連加賀守
菊池丹後守
平岡和泉守
成島大隅守
杉浦武三郎

此布達天朝よりの御布達より十九日以前にして是內地騷擾局外中立の權輿と云べし此日の夕尅鳥羽伏見の戰爭起り遂に征討の王師を關東に下さるゝに至り天朝よりの御布達ありしは末に載する本月二十一日の書翰照準し前後を合考すへし

二 米國公使より閣老宛書翰

明治元年正月四日

辰正月四日
第十七號

日本にある合衆國使臣館

千八百六十八年第一月廿八日於大坂

酒井雅樂頭
板倉伊賀守　閣下
松平豐前守

余今昨夜之貴翰を落手せり書中合衆國人民にゐては執中之法を守るへき爲緊要之處置を爲ん事を余に乞へり余我國民に掲示し之に隨はしむる事を正理なりと決しその請書面を正しくせんには余に次條を報告あらん事肝要なり

日本政府は今誰を敵として戰をなせるか

政府に抗敵するものは松平修理大夫壹人なる歟

或は其會約同盟のものあるか
且つ日本政府我國民幷に條約に於て彼等に許せる理を保護せんとの意衷
企望ある而已ならす之を事實に行ふへき旨を事實に於て果して然らは余
我國人に告示さんと決定せり
余可成は明日江戸へ向け發行せん事を望むにより閣下この條に付今日中
に余に報告せらるへし拜具謹言
日本在留合衆國ミニストルレシデント
アルビワンフルケンボルグ

三 閣老より米國公使宛返翰

明治元年正月四日

辰正月四日
御書狀披見候然は當今我國內變有之不得止兵力を用ひ候場合に至り候に
付貴國人民於て總而關係不被致候樣貴樣より御布告有之度段御賴申候處

賊徒之名前を委敷御承知被成度旨云々御申越之趣委細承知致し候時今我政府於て討伐を加へ候不臣之ものは全く松平修理大夫一藩而已に有之候乍併若以後同藩に黨與致し候者有之候節は共に誅戮いたし候積に付其節は名前等委敷可申進候尤右徒黨之者何處へ潜伏致し非謀を巧候哉も難計候間條約外國人を保護致し候法方は夫々嚴重手配致し置候間其段は御安意有之候樣存候全鎭靜致し候迄は可成丈遠行等無之樣御心附賴入候右御報可得御意如斯御座候以上

正月四日

板倉周防守 花押

酒井雅樂頭 花押

各國公使閣下

此書往復を記録する而已にて局外中立布告報知の記録なけれども普魯社の布告あるを以て推考ふれは各國一同布告せしなるへし此頃は舊幕府の記録も精密ならねば今搜索するに所由なし」

本月廿一日以後局外中立の事問合のとき本條はサトウへ問合なきや

四　プロシヤ公使より局外中立報知の書翰　明治元年正月四日

譯文

千八百六十八年第一月廿八日於大坂

大坂にある

外國事務執政閣下

余謹ゐ慶應四年第一月三日附之貴翰を落手せり書中日本政府と薩摩侯と戰爭中普魯社臣民之可相守行狀を云へり余この答として今日余より横濱大坂長崎箱館幷上海在留之普魯社コンシユルへ宛差遣し布告號令せしめたる書面之譯文を尊覽に呈す

布告

日本外國事務執政より余へ報告せる趣にゐは日本政府と薩摩侯と之間に戰爭を始たり就ゐは普魯社臣民注意して普魯社と日本との條約中の

明文を相守るへし其取極たるは不開港場を尋防し商賣をなす事及ひ日本政府之外餘人へ軍器軍艦を賣る事を禁せり且薩摩侯に屬せる船中へ止る事を禁す犯すときは右之船と日本政府之軍艦と戰爭に至れる時に當り最も可恐危難に遇ふへし拜具謹言

普魯社國シャルゼダッフヱール

フォンフラント手記

此書翰あるのみにて外各國公使の回答あるや記錄なけれは詳ならす

五　於大坂閣老より各國公使宛書翰　明治元年正月六日

辰正月六日

以書狀致啓上候然は我國政體變革之儀に付兼而御面晤および置候通　大君殿下千辛萬苦誠意を以御盡力被遊候得欠ヽ松平修理大夫家來之暴行愈熾に相成就而は此程兩度迄も　奏聞および候上近々御上洛可被遊迚不取敢

御先供發途去る三日鳥羽街道ゟ行掛候節修理大夫家來共無謂差止候而已ならす發砲および候より遂に戰爭相成互に勝敗有之候處昨今僞勅を以て諸藩を煽動し逆威大に張り官軍少しく不利に有之賊徒追々侵來之趣にも相聞候に付精々防禦追討之手配益嚴重いたし候得共自然當表迄も襲來致候哉も難計候に付此方於ゐは勿論十分之力を盡し御保護可及候得共貴樣方にゐも貴國之御旗章御守護之方略有之度右は今日之場合別ゐ御懇親之衷情相表し度此上增々御懇親之段は双方之最祈念する所に候條々言語を待さる所にゐ候右は昨今之形勢可及御報告旁此段申進候右可得御意如斯に御座候以上

正月六日

板倉伊賀守

酒井雅樂頭

英佛米蘭孛伊公使名當閣下

此書於大坂各國往復書翰留記中に六日下る御上にて御手調と書入あれは慶喜自身の草案なるべし

六　徳川慶喜江戸歸城報告の書翰　明治元年正月十二日

辰正月十二日

以書狀致啓上候然は

大君殿下軍艦にて今朝御歸城被遊候此段御通達可得御意如斯御座候以上

正月十二日

杉浦武三郎　花押

平岡和泉守　花押

菊池丹波守　花押

江連加賀守　花押

和蘭陀使臣館書記官

ケンインチース貴下

此書各館にあり今記載する者は蘭館所藏の寫也
○今舊幕府進呈戊辰各國書翰取扱記を考ふるに同十三日佛米蘭丁孛伊白葡瑞は金川表へ差立同日魯英は定役竝稲田嘉兵衛を以て宿寺へ達す同十八日米の分はホルトメン出府にて受取の者無之旨神奈川奉行より返却の處時機後れ候に付見合せ相成候事と見えたれは米國公使館には此書翰なき所以を知るに足れり

七　江戸市內戒嚴に付各國書記官へ報告の書翰　明治元年正月十二日

辰正月十二日

以書狀啓上候然は近來江戸市中に尙匪徒潜伏致し居候徵候も相見候に付當分之內別紙之場所々々〆切往來差留相成候間其旨在府幷此節出府いたし候士官等へ普く御通達有之候樣致し度此段可得御意如斯御座候以上

正月十二日

杉浦武三郎　花押

平岡和泉守　花押

菊池丹後守　花押

江連加賀守 花押

ヱルトケレインチース樣

別紙

〆切場所

馬場先門　雉子橋門　一橋門

呉服橋門　鍜冶橋門　幸橋門

山下門　赤坂門　市ケ谷門

牛込門　新シ橋　喰違

水道橋　昌平橋　和泉橋

下谷新シ橋

此書各公使館にあり于此載る者は蘭館所藏書翰の寫なり

○今日舊幕府戊辰各國往復書翰取扱記に同十二日瑞魯佛米孛蘭伊等の岡士書記官へ江戸表御門〆切の儀報告の書翰御用狀添神奈川表へ差立る英への報告書翰は定役並

北川八三郎を以て接遇所へ達し丁抹へは別段遣さす
と見えたれは丁抹へは此書翰なき所以を知るへし

八　米國公使館ホルトメンより自衛準備問合書翰　明治元年正月十三日

辰正月十三日

千八百六十八年　原本月日を脱す　横濱合衆國公使館にて

江戸外國事務執政

小笠原壹岐守閣下

大坂に於て近頃變事起り且余の得たる報告に就て考ふるに
大君殿下之敵仇は速に江戸幷當港に來らんかと思へり故に余此地に於て米里堅に關る切要なる守護を用意せんか爲め閣下ゟ自今之形勢に於て大君殿下の取用ひ給ひし處置を速に余に告知し給ふ様に希ふる余か當然之職務なり恐惶敬白

エ、アル、セ　ホルトメン

來翰に依て十一日連署書柬を遣すあれは本條は十一日に似たり

來翰の文意返翰に盡すへきなられは一昨十一日外國奉行連署の書翰を以てホルトメンを江戸へ招く因て本日ホルトメンより左の回答を來す

十四號

千八百六十八年第二月六日横濱合衆國使臣館にて

江戸外國奉行足下に呈す

本月十一日附之貴翰謹て落手附ては明日拂曉直に江戸へ赴くへし此段回答之爲め報告す拜具謹言

アルセホルトメン

此書翰と行違外國奉行杉浦武三郎横濱へ出張し序にホルトメンへ面會對話に來書の懇情を謝し事濟たれは別段長行へ來翰の回答なし

九　兵庫に於て勅使掫て各國公使と應接　明治元年正月十五日

辰正月十五日　此應接全く局外中立事件に關與するにあられと對話中征討云々の回答あるに因り于此載せて參考に備ふ是征討の事を外國人へ發言の始也

於兵庫

勅使東久世前少將通禧出張徵士岩下佐次右衛門方平伊藤俊助博文寺島陶藏宗則陸奥陽之助宗光等隨從在留佛蘭西全權ミニストルレオンロッシユ太貌利太泥亞特派公使ミニストルサーハルリーパークス荷蘭ホリチーキアゼント兼コンシユルセ子ラールドデグラフファンポルスブルック伊太

利特派全權公使コーンドデラッウル亞米利加合衆國ミニストルレジテントアルビウフヲンフワルケンボルグ孛漏生シャルセタフヘールホンブラント等六ケ國公使と應接如左

勅使曰く

今日は　天皇より各國江布告の爲に參りたり

右御演舌ありて御布告を各國公使等に渡さる

其宣旨左の如し

日本國天皇告諸外國帝王及其臣人嚮者將軍徳川慶喜請歸政權也制允之內外政事親裁之乃曰從前條約雖用大君名稱自今而後當換以天皇稱而諸國交接之職專命有司等各國公使諒知斯旨

慶應四年正月十日　御諱

佛公使曰原本如斯

佛國公使は日本に在留する事尤も多年なるを以て各國公使に代り應接を演舌せん事を願ふ乃曰く自今　天皇御國政を執り御全國治平に及はゝ各國共に悦ふ所なり

勅使曰く

天皇親ら國政を裁するに於て固より全國信服するは論なきなり

各國公使曰　天皇親ら政權を執るの以後其政令既に全國におよひしや亦有司に命し外國事務を司らしむ何人か其任を得たるや

勅使曰　仁和寺宮外國事務總裁を蒙り其餘京師に於ても其の任を蒙るものあり且政令の事は近日徳川慶喜反逆の次第ありて未た政令を全國に布くに至らされとも不日に追討平定せん

此間に外國事務掛りの公卿諸侯等姓名を達す

此書今記録する者無けれは公卿以下諸侯の交名書知るに所由なし

各公使曰　御布告の文に徳川氏政權を返す云々と云ふ然るに今勅使の言に曰く徳川慶喜反逆云々然今日猶內亂中なるや

勅使曰　慶喜江戸に歸り罪を待つと云ふ然るに未た其服從するの狀を見す

各公使曰　徳川慶喜江戸にありて罪を待つと云ふ然るに猶征討せらるゝや

勅使曰　今現に使節江戸に遣す而るに未た其返答を得す

各公使曰　今日指當り此地に一事件あり其譯は先日備前侯の家臣途中云々の事

あり故に不得止各國兵士を出し警固して安全を圖る此は惣體の規則にもなけれとも止を得さるの事なれは此の所置は如何なるや

勅使曰　以後日本政府より當地の警衛す可し

各公使曰　政府より御警衛あれは如何様の事件起りても政府に引受らるゝや

勅使曰　固より

又曰今日布告の勅書は直に各の本國帝王臣人に布告せらるゝや

各公使曰　唯今御尋の一條は追て貴答可致なれと前に云ふ備前の事は猥りに外國人に亂妨云々以後　天皇御親政の事なれは必す政府に於て御處置になるや

勅使曰　固然り

各公使曰　備前亂妨の事に及ては談するも怒に堪さる次第なり況や各國公使に對し砲發の事情等全く文明の國に於て有る可からさる事なり

勅使曰　此の所置は各國の公論に任し且つ　天皇の親裁をも受く可し

各公使曰
備前亂妨の所業は下賤の者の作業にも非す乃ち一大諸侯の大臣自らする事なれは今日外國守固の兵を解くの後日本政府の守衞を得れは決て右樣の亂妨の事有る間敷哉

勅使曰
今日當所警衞の事を薩長兩國に命す以後右樣の儀決て有る可からす此間に薩長へ命せられたる御書付を各國公使に見す

五拾三番

薩州
長州

此度外國御交際之儀格別御大切之場合に付專ら信義を本と被遊候御趣意に就而は外國人居住地通行之節彼へ對し無禮不法之振舞無之樣嚴重取締可致候事

正月十五日

東久世前少將

各公使曰
然は自後如何樣の事出來するとも　天皇の政府に於て御引受なるや

勅使曰
然り

各公使曰
此六人は六國の公使なれは貴國と和親交信せん事幸甚なれとも自後若し御違約等の事あれば大に貴國の大事に及ばん

勅使曰
固より然とも今日談判する處は特に兵庫港のみに就て云ふのみ横濱其餘の諸港は未た政令の行れ難もあらん併し是等も不日に　天皇の政府に歸するやうあるへし
各公使曰
固より當今　天皇御政令の行はるゝ土地に就て云ふなり
又曰今日薩長侯に當地の警衞命せられたる事を市中村中に觸られたし且つ備前亂妨の事は各國の公論を受け　天皇の親答ある可きの仰せなれは唯今直に口舌を以て申し演難し近日の中熟考の上書取を以て申上へし
勅使曰
諾
又曰以後薩長兩藩を以て當地を警衞すれは外國人の安全は勿論の事なれは願くは當地在留の外國人よりも日本人へ對し亂妨なきやう各より達せられたし
各國公使皆曰
早速相達す可し

勅使曰
近日日本諸侯の蒸氣船六艘を外國へ取押へられたるの事は如何の所置なるや

各公使曰
先日備前亂妨の砌は未た政府の御布告もなき間なれは先つ右の船を引留置たり併今日より萬事政府に御引受となれは早速夫々返却す可し

又曰東久世卿に兩三日間は當地に在留致さるゝ事を願ふ其譯は各國人をして安心せしめん爲なり

勅使曰
諸猶此地全權の者交代するまては滯在すへし

各公使曰
先日より各國の公使商人大坂に滯在する處彼地の變によりて此所に來る然るに當所には在留の家も無之故に速に歸坂せん事を願ふ猶再ひ御案内を待つへきや

勅使曰
彼地も未た混雜相止まらさる中の事なれは追て此方より案內す可し

各公使曰
然は御案内まて待つへし然れとも歸坂の上は當地同樣御守衞等ある

へきや

勅使曰
諸然り

各公使曰
先刻の御談判の政令未た行はれさる開港の諸港とは何等の土地なるや

横濱長崎箱舘の三港なり尤も長崎は速に所置す可けれとも横濱は何時より支配する事を言ひ難し

各國公使曰
長崎は近日より御所置になるなれは彼地に住する外國人に怪我等無之樣に其長官に命せられたし

勅使曰
諾

各公使曰
今日の御應接によりて各國公使も大に安心し幸甚なり

勅使曰
彼の布告の勅書は直ちに本國に送らるゝや

各公使曰
諾速に達す可し

勅使曰
今日應接する處は先つ前條の如し猶貴方より談判の事あれは承る可し

各公使曰　今日は先つ別條申上る事なし

勅使曰　今日は各國公使に面會いたし甚た滿足に存す猶委細速に　天皇に奏問すへし

畢

同日夜吉井幸輔より伊地知正治へ今日應接の崖略を報知す

昨日之御問合相達條々致承知候御布告一條申上候通切迫之勢に御座候處昨日勅使御下向則各國へ御懸合相成候處今日十二字より於神戸御談可申上との事に而今日十一字兵庫御發船各國より兵庫への御迎船差上候神戸御著之處何れ御警衞多く兵隊繰出いと嚴重なる事に御座候扨御布告相成次第左之通御座候

佛　東久世殿
英　岩下
伊太　寺島
米利　陸奥
孛漏　伊藤
阿蘭　吉井
片野

右之通主客席順に而御布告狀御渡各國大に喜悅上都合候也

一備前一條之儀彼より申出し外國兵隊を以神戸相固め候得共是は法則に不叶儀に候如何可致哉と云御答薩長兩藩警衞申付候間其方人數引場度彼左樣ならは幸之

七日の字難解七字の誤か

事也何時之御固御差出可被成や此時二時也幸助云ふ四時に固場可請取と彼諸門す則長藩片野十郎馳歸て二小隊を繰出す洋兵數百人群集せり入代て生田口の關門を請取り七日兵庫口を相固む此四五日市中大に苦居候處勅使之御談判にて一時に通路相開け市中愁眉を開き兩藩を尊敬する甚敷大に面目を施せり生田口關門纔一町計之所に元勝か塾あり一小隊は十分に宿陣す可し明日より繰込む兵糧焚出し等下知を加へ一小隊を兵庫へ殘置明後日方歸坂可致候間左樣御承知可被下候

一蒸氣船六艘も則差返す依ゟ今晩直に其藩々へ請取候樣御達に相成候　朝命を以て御取返に相成候樣何共氣味能次第に御座候藩々も大に難有かり可申

一備前所置之處如何致候はゝ各國滿足可致哉承り候ゟ

一朝廷ゟ可相窺旨勅使より御申掛被遊候處是は出府を以可申上との事にて格別之事も有之間敷くと被存候

一幕府是迄公家にゟは何も出來ぬ者の樣に申居候得共中々左樣には無之談判も是程早決致候儀幕にゟ一向無之と公使等申入候由實に恐悅無限今晩は祝酒酌申候

一八幡橋本の應接は引揚候ゟ可宜存候

一横濱爲引取候儀六ヶ敷譯合にゟ此儀は歸坂之上御世話可申上候

一德川船之儀越前船にて候半

一砲臺石炭德川やしき米分取致候事臺場固等も歸坂之上

一フランケツト明日精々手を付可申銅は一通り談判致候得共らうたにゟは出來不申直に商人に引合候得との事に御座候頓と寸暇無之十分手廻兼候事也先は右御

左右爲可申如斯御座候以上

正月十五日

吉井幸輔

伊地知正治樣

追ゟ京都にも此間脱字可被爲在候歟御覽濟候はゝ三時限りにゟ御申付可被下候

同十六日昨十五日各國公使對話の顚末應接書を副て太政官に復命す其書の略

本月十五日從第十二時乘船神戸去兵庫十五丁計り運上所にて六ヶ國公使書套別紙之通應接談判相遂け至極都合宜大綱領は相濟細目は隨て可逐談候

一兵庫市中並外國人へ取締薩長江別而嚴重に相命候

一阿州兵庫表御固め是は被免可然存候薩長に被命候上は他藩入込混雜を生し候間通禧へ御委任之意を以隊長呼出大坂表へ人數繰上候樣申渡候間左樣御承知可被下候

一神戸兵庫人民居合候樣觸示候

一宇和島は直に兵庫表著上相成候樣御運相願度候

一宇和島着迄は當地を引拂參候間左樣御承知可被下候

一御布告書外國六ヶ國へ一通宛相渡れは本國へは不相通由に候間急に外五通御認官人位の處に而御手輕に致度候御差越可被下候

御實名之方可然と相握候右に付而は參て御趣意之處窺居候間國印計に而可濟と御申候得共夫に而は承知不仕旨に付不得止右之次第に相成候故御實名之方五通急に御差越外筥は桐紫紐計に而宜候一日に而も早き方宜候間早々御運相成候樣希入度候委細は陸奥陽之助指上候間御聞取可被下候德川閣老と他年接有之候得共今日之如き斷然たる應接は無しと公使共申居候全　皇威之しからしむる處とは申なから岩下伊藤岸(岸は吉井の寫誤ならんか)之周旋により程能候間不取敢宮より被下之趣を以て壹人前二千疋宛酒肴料遣置候各宿屋に居候間酒呑候也尚又御指含可被下候通舌頭一轉治亂之堺に關係致し實に不肖之身心痛無此上候

一山陰山陽通禧相開候御進軍御都合次第と存候

一久留米越前宇和島筑前肥後六藩平出船返と候

一夷人より取押候日本戰艦今日卽尅解兵候尤外國人出張神戸之兵隊解兵候

一右御布告相成候譯柄日本國中御布告相成度候

一公使京師上京之儀は彼より何共不申候御混雜中不都合出來候ゟは不宜故是より不申出候何れ上京致度候と可申出候
一書外事件陽之助へ御尋被下度將軍參謀御一覽之上陽之助に託し此書狀副總督に御呈被下度候

正月十六日第六時 兵庫驛認

通禧

應接書略す
此書原本宛所を脱す○復古攣要中に此書を載せたれとも抄錄にして前後全からす且誤謬あり今本省字紙《ほんこ》中に所得のものは全文なりといへとも是も草案にして些讀難き所あり前に載する吉井幸輔の書翰も同斷なり尙誤あるに似たれとも別本なければ校正するに所由なし

○前に載する通禧の上申に因て御布告五通を製し陸奥陽之助守護して兵庫に送下さる今外國事務局日記を閱するに左の記錄あり

正月十八日

一午刻前三條殿使渡邊圖書頭にゟ御用櫃壹掉兵庫に旅泊東久世少將殿に被差向候に付伏水本陣淀川通船淀花本陣一泊夫々先觸之儀可取計之旨申來伏見淀川通船等尾州田宮如雲に申達淀花以下之市中取締之三藩家來招申付候事
一同事御用櫃守護人土州陸奧陽之助出頭令面會先觸以下萬事賴之條々令取計候事
一同斷御用に付御紋付箱提灯貳張今晩中に三條家に可相廻之旨使富田小藤太申來即刻取計候事
一同事に付子刻頃三藩家來之内本多主膳正留守居中神齋之介出頭申述候云々直に相伴三條殿に行向森寺大和守面會巨細令示談之上件々中神齋之助に申付候事
一御用櫃道筋

十九日伏見驛より舟路同日大坂泊り二十日十三村　神崎　尼ヶ崎
西ノ宮　兵庫著
右
一御用櫃仕丁宰領壹人　人足三人
但道中繼立人足四人　提灯持貳人　守護人　陸奧陽之介家來貳人

一〇　英國公使館書記官宛小笠原壹岐守答翰 明治元年正月十五日

辰正月十五日

以手紙致啓上候然は一昨十三日貴國公使館書記官シドニーロコック氏閣下之名を以て會晤致候處云々被申聞候趣有之其上同氏より書翰を以如斯
渡
女帝陛下之ミニストルは條約遵奉之事に付誰と引合可及哉且兵庫大坂におゐて條約違背之事あらは誰へ訴出誰を以て其責に任すへき哉等疑問之條々承知致し則閣下へ御答及ひ候一體條約之趣意を以て外國諸般之事務は我客歲十二月於大坂城

大君殿下より閣下へ御演述被爲遊候通にて相替候儀無之處松平修理大夫家來共國内變革之際に乘し京師にあつて上下を鉗制し專縱自恣之擧多く天理に悖り民心に戻れる事不少を以て其罪狀を數へ御門に奏し在京奸惡之徒を除き名義を正し曲直を明にし天下の公論を採而生民の自主を佐け國内不易之基礎を建立せんと計りし次第は已に御承知之事故縷述不致候扨右之譯を以

大君殿下上洛之爲め其先供を前發せしめし途中松平修理大夫家來共差拒み發砲せしより交戰となりし處我兵は事不意に起り地勢之利を失ひし故竟に勝利非すして退却し暫く大坂を引拂て紀州に入たり何れにも奸凶之徒を斥け其地を鎭撫いたし候迄は同所之儀は貿易通商出來兼候間閣下にも其段御承知可然御處置有之度兵庫之儀は各國御同僚にㄜ御引請御座候事故公正之御處置に御任せ申候抑條約を變し候儀は不容易重件にて一旦之成敗を以忽永世之盟を偸へ曲直之理を論せすして速に不朽之信を破り候

儀無之段は是迄之親睦に對し毫も疑を容れさる處に候得は閣下にも御懇親之意にて正大之御處置可有御座儀と存候此段可然御推察有之度右御答可得御意如斯御座候以上

正月十五日

小笠原壹岐守

シヱルハリヱスハルケスケシヒ閣下

此書翰舊幕府進呈舊記中に見えたり戊辰各國往復書翰取扱記英國の部に正月十五日二十六番廻し出同日草稿の儘にて上る卽刻下る定役並北川市太郞小林錄郞乘切使にて横濱運上所へ特參同廿二日壹岐守殿へ上る進達十七番と記せり此書翰に付て書記官へ外國奉行より左の書翰を添達す

以書狀啓上いたし候然は一昨日壹岐守ゟ御申聞有之候儀に付同人より別紙之通委曲貴公使ゟ申進候間右にて御承知有之度依之貴公使ゟ壹岐守ゟ之書翰披封之儘差進候間御一見之上御差出し方御取計可被下候右可得御意如斯御座候以上

正月十五日

杉浦武三郞
酒井對馬守
成島大隅守
平岡和泉守
山口駿河守

シトニーロコック樣

一一　兵庫神戸運上所主管に關し各國公使へ通牒 明治元年正月十八日

辰正月十八日

以手紙致啓上候然は岩下佐次右衛門伊藤俊助中島作太郎寺島陶藏ゟ兵庫神戸運上所に於て諸事取扱之役場申付候間兵庫奉行と可申名目之役場相立候迄之間御方におゐて奉行同樣諸事引合可被成候尤右四人之內にゐ大陽日之外神戸ゟ爲相詰可申候間左樣御承知可被下候以上

辰正月十八日

東久世前少將 花押

米里堅公使

ゼ子ラールハン、バルケンバルク閣下

此書各館にあり于此揭ける者は米館所藏書翰の寫なり

一二　外國懸總督等任命の旨各國公使へ通牒 明治元年正月二十日

辰正月廿日

中納言なり大の字疑し

今般　天皇自ら條約被取結候に付而は以來是迄之通之條約總而遵守可致旨蒙　勅命候且又拙者儀外國懸總督にて外に三條前大納言東久世少將伊豫守等右之副に相成候間此段爲御知申入候以上

正月廿日

二品親王嘉彰

英公使

ハリヱス・パアクス閣下

此御書翰各國公使館に藏す今記載する者は英公使館所藏の寫なり各館同文言料奉書半切也今案に嘉彰親王正月八日一度外國事務の　朝命を奉し給へとも既に同十七日晃親王に外國事務總督の　朝命あれは晃親王奉命ありしより三日の後嘉彰親王自身總督たるの報知あるへきにあられと現在前に載する書翰各國公使館に藏すれは此書翰を贈り給ひしは確也恐らくは公事多端其繁雜に紛れ筆者御名を誤りし歟併他の書損はあるべけれども御名を誤るべきにあられは最も不審しき事なり此書翰を以て正證とせは事實矛楯するに似たり今本省中に於て考訂するに確證なし○明治七年七月四日東伏見宮の家扶谷國之助を呼出し宮外國事務拜任免職の日を

訊問するに其時の書類は一函に納れ附屬の參謀烏丸侍從へ附託せられしを侍從收領して烏兵部少將へ遞與ありし旨にて其後兵部省御變制にて現今右の書何れにありや在所詳ならす正院よりも屢御訊あれとも捜索に所由なく只宮家に遺るものは烏丸家の收領而已と答ふ

○外國事務局日記中に此書翰を載せ正月十六日二品親王嘉彰花押とあるを以て考ふれは最不審事也山階宮外國事務總督の　宣下の十七日なれは前に云ふ如し然るに先是此月八日三條黃門東久世前少將外國事務取調係兼帶の命あるのみにて宇和島少將外國事務掛の命は十七日山階宮御奉命同日なれば十六日の書翰に宇和島少將の名あるべき所謂なし如此諸書錯亂ありて確證ある事なし英館蘭館佛館獨逸館に所藏僉正月二十日と記す唯米館所藏の書翰のみ正月廿一日に作りしは事故あるにや又は筆者の誤り歟今詳にする所由なし

一三　東久世通禧より各國公使へ局外中立嚴守懇請の書翰　明治元年正月廿一日

辰正月廿一日

以手紙致啓上候然は今般德川慶喜致反逆候に付仁和寺二品親王ニは征討將軍被命征討相成居候に付貴國政府に於ては何方にも偏頗無之筈に付德川慶喜又は其命を承ん大名之兵卒を運送し又は武器軍艦を輸入し又は貴國之指揮官兵卒を貸す之類總而彼之兵力を助候儀有之間敷候間此旨各國臣

民へ御申達被下其政府より御取締可被下候此段御掛合申入候以上

辰正月廿一日

東久世前中將

各國公使　六通

此原文草案は明治庚午閏十月外務少録齊藤榮兵庫縣出張の刻同縣廳所藏書翰留中の抄録也其後書翰往復全からざるにより辛未三月兵庫縣に達し共時の往復書翰を悉く寫し差越すべしと文通せしに再此書翰寫に正月十五日各國公使と應接記を附し左の回答を來す

東久世開拓長官殿并に寺島外務大輔當地在勤之砌去る辰年正月十五日於朝廷外務交際引請候儀に付各國公使へ　天皇陛下よりの御布告外に同年二月頃我と賊と兩方に而兵器買入を禁し候儀に付云々書翰留有之候間何れも寫取早々御廻し可申上候樣御懸合に付精し々取調候得共兵器買入禁し候儀に付云々書翰類相分不申只辰年正月十五日各國公使と御應接記錄而已見當り候間則寫取差上申候相當縣官員も屢々轉職も有之東京在住之人々も御問合被爲在候はゝ自然相分り候哉に奉存候併是と申而も突留候儀は無之候得共勘考之儘申上候尚此上精々探索いたし可申上候以上

未三月四日　兵庫縣廳印

外務省御中

同年六月下澣より同八月上澣まて戊辰已巳年間皇洋兩國彼我往復の書翰挍讐の事ありて文書司編輯課大少佐大少令史英國公使館に至り彼館所藏洋暦千八百六十八年皇英往復書翰及橫文翻譯和文草案等彼是對照點撿するに舊幕府の閣老外國奉行等の書翰を始御一新以後外國事務總督二品親王及輔相公卿并外國官正准兩知事正

權判事より往復の書翰日次を逐て編撰し本書を押て帖にするもの數十帖其中第二月の帖に本文の書翰ありて英國公使ハルリーパークス閣下と宛名せられしを以て此書翰正月廿一日各國一同遣くられしは明也然るに英館所藏横文翻譯の和文草案中に此書に答ふる回報なし書記官エルネストサトゥに此返翰及局外中立を其國人民等へ布告せし事を報知の書翰なきは不審也恐らくは翻譯の暇なく横文の原書を捜索せられ若其書あらば原書を謄寫し缺を補はん事を談ずサトゥ承諾一兩日を經し後掕饗場へ來り原書の函中底を拂て捜索すれども兩翰共にある事なし思惟に其砌面晤に報知し別に書翰おくらざりしも知るべからずと云へり然れば英に此返翰なきはサトゥの説の如きも計り難しといへとも各國の返翰一通もなきを以て考ふれは面晤の報知は英のみならず各國一同應接の時に布告をなすの旨趣を演說し書翰の報知はなかりしなるへし

一四　米國公使館員ポートマンより瀧川播磨守携帯書寫を請求の書翰　明治元年正月廿一日

辰正月二十一日

第十六號

千八百六十八年第二月十四日江戸にある合衆國公使館於て

江戸にある御老中閣下に呈す

余聞く今月三日大君の名代人瀧川播磨守京都に出立せる時此都（本ノマヽ）及ひ其の地に於て薩摩公の罪條を記したる書翰を持ち行きたりと余願はくは閣下余に其書翰之寫を惠み余をして合衆國政府に報告するを得せしめん事を恐惶謹言

アルセホルトメン手記

此書舊幕府進呈丁卯戊辰諸綴込と表題せし書中にあり

一五　ポートマンより請求の書類贈達の件　明治元年正月廿二日

辰正月二十二日

御書狀致披見候然は我本月三日瀧川播磨守上京之節持參いたし候「松平修理大夫罪條之儀に付」（此十二字は削りしなるべし）大君より御門へ御奏問相成候ヶ條書寫御一見被成度旨御申越致承知候則別紙寫貳通差進申候此段拙者共より御報可申進旨小笠原壹岐守被申聞候右可得御意如斯御座候以上

正月廿二日此書廿五日に達すと舊記に見へたり

杉浦武三郎

糟屋筑後守

江連加賀守

川勝近江守

アルセポルトメン様

一六　瀧川播磨守携帶の奏問書　明治元年正月

別紙

臣慶喜謹而去月九日以來之御事態を奉恐察候得は一々朝廷之御眞意には無之全く松平修理大夫奸臣共陰謀より出候は天下之所共知殊に江戸長崎野州相州處々亂妨劫盜及候も同家家來之唱導により東西響應し

皇國を亂り候所業別紙之通にて天下共に所悟に御座候間前文之奸臣共御引渡御座候樣　御沙汰被下度萬一御採用不相成候はゝ不得止誅裁を加へ可申候此段謹て奉　奏聞候

正月

一七　瀧川播磨守携帶の薩藩罪狀書

明治元年正月

薩藩奸黨之者罪狀之事

一大事件盡衆議と被　仰出候處去月九日突然非常御變革を口實に致し奉侮幼主諸般御處置私論を主張致候事

一主上御幼冲之折柄　先帝御依託被爲在候攝政殿下を廢し止參　內候事

一私意を以宮堂上方を恣に黜陟せしむる事

一九門其外御警衞と唱へ他藩之者を煽動し兵仗を以

宮闕に迫り候條不憚
朝廷大不敬之事
一家來共浮浪之徒を語合屋敷へ屯集江戸市中押込强盗致し酒井左衛門尉人數屯所に砲發亂妨其他野州相州所々燒討劫盜及ひ候者證迹分明に有之候事

此書同廿五日神奈川表へ御用狀を以差立と舊記に書載たれは廿五日の達しなるは論なし〇前の返翰草案中に我本月三日瀧川播磨守上京の節持參致し候「松平修理大夫罪狀之儀に付」の十二文字は省きて本書翰には書載せさりしなるべし

戊辰中立顚末卷二

一　局外中立を各國臣民へ布告書　明治元年正月廿五日

慶應四年戊辰正月二十五日

普告

日本國中にゐ　御門陛下と大君之間に戰鬪の起れる趣公報ありしに因り米國臣民等偏頗なき中立を固守する法を設けん事を欲し其民等に普告するは軍艦或は兵糧運送船を賣却し或は賃貸し兵器彈藥を賣り兵卒兵士軍務に關る書狀又は兵士を運輸する等都て戰爭に關する事を右對敵双方之孰へにゐも務むるを此戰鬪に乘し志すの所業は萬國公法に基き右中立の法を破るものとし仇敵の所爲とすへし

右双方之内一方に奉務するものは軍律に服從すへし又中立を破る所之船

幷其他運送を助くるものは取押へ入官（原本牢の字を消て官に作る）すへし且右之法は中立之人に屬する荷物迄押及ほすへし

右中立を破るものは人船共米國政府之保護を失ひ米國日本間の條約にて許されある正理を失ふへし

在日本米國のミニストルレジテント

ファンファルケンボルク

千八百六十八年

第二月十八日於兵庫

皇曆明治元年戊辰正月廿五日也

普告

日本國中にて

御門陛下と　大君之間に戰鬪の起れる趣公報ありしに因り阿蘭臣民等偏頗なき中立を固守する法を設けん事を欲し其民等に普告するは軍艦或は兵糧運送船を賣却し或は賃貸し兵器彈藥を賣り兵卒兵士軍勢に關る書狀又は兵士運輸する等都而戰爭に關する事を右對敵双方の孰へに

而も務むるを此戰鬪に乘し志すの所業は萬國公法に基き右中立の法を破るものとし仇敵之所爲とすへし
右双方の內一方に奉職するものは軍律に服從すへし又中立を破る所の船幷其他運送を助くるものは取押へ入牢 宦原本如此 すへし且右之法は中立之人に屬する荷物迄押及ほすへし
右中立を破る都而之阿蘭人は其政府之保護を失ひ阿蘭と日本間之條約に而許されある正理を失ふへし

日本に在る阿蘭コンシユルゼ子ラール兼ポリチーキアゲント
ドデガラーフフアンホルスブルック

千八百六十八年
第二月十八日於兵庫

皇曆明治元年戊辰正月廿五日

于此載する者は神奈川奉行より二月四日江戸城へ注進狀に載する所の布告書寫也各國公使岡士よりの布告書大同小異文意同一なるべけれども今記錄する者なけれは僉く知るに所由なし英國三度の布告横文は辛未の秋英公使館に於て書記官サトウより遞與する所の印刻の原書三葉携歸て文書權正子安宗峻に翻譯を托し置けるを今年明治七年七月譯する所の布告文を左に掲載せて參考の一に備ふ

公告

下名の拙者職務を以て當國に於て天皇陛下と大君之間に戰端を開きたる事を告け而て右双方の戰爭に付總而英國の臣民は嚴密公平なる局外中立を遵守すへき旨を告けんか爲爰に日本在駐英國皇帝陛下の特命全權公使なる下名總て英國皇帝陛下の臣民に右双方の内何れかに對して戰爭に加り或は其一方の爲或は其一方に對して戰爭せんか爲或人を輔佐し或は慫慂する事を戒む而して内外の戰爭に於て局外中立を固守せん爲に議定ありし英國の律法即右に關係したる萬國公法を背犯せざらん事を要す下名爰に英國皇帝陛下の臣民に告諭せんか爲英國皇帝陛下第三世「ヂョーヂ」の治世第五十九年に決定ありて通例「ホレイン、インリストメント、アクト」と名くる律法即左之三章を爰に布告し以て英國皇帝陛下の臣民に總て下條の趣を命す即ち若人ありて局外中立の權限又は交戰の律例に關する萬國公法を違背する事あらは譬へは双方の内何れかの軍籍に入り或は双方の内孰かに屬する船或は之に雇はれたる船若くは軍艦又は運送船の内に乘組み或は自ら其役に雇はれ或は他人をして爾く爲さしめ或は爲さしめんとし或は双方の内何れかに由て軍艦或は運送船として用ひらるへき船舶若くは軍艦を戰備し或は艤裝し或は双方の内一方に士官兵卒信書兵器彈藥兵粮等を運送し其使用に供し或は萬國輓近の律例に因て戰時の禁制物と考定ある物品を運送する事等是なり總て此等の禁を犯せる英國臣民は皆前件國律或は萬國公法に由て定立ある種々の罰則及ひ刑律を受くへき者にして併て英國皇帝陛下の保護及ひ大不列顚國と日本國との間に取結ひたる條約中に掲る權利及ひ其特典を要するの權を失ふ者と爲すへし

紀元一千八百六十八年第二月十八日兵庫に於て手記す

日本在駐英國皇帝陛下の特命全權公使

ハリース、パークス手記

英國皇帝陛下の免許なく陛下の臣民外國の用役に服き及ひ陛下の所轄内にて戰爭の目的を以て諸船を艤裝する事を禁止する議定の拔萃（一千八百十九年七月三日）

第二章

爰に又左の趣を議定す若し英國皇帝陛下及ひ其相續後嗣の本國出生の臣民英國皇帝陛下及ひ其相繼後嗣の手記又は議院の決議或は皇帝陛下及ひ其相續後嗣の布告に由て前以て皇帝陛下及ひ其相續嗣の免狀を得る事なく或は戰爭の委任を受け或は之を受けん事を約し或は又有任士官或は無任士官として軍役に服き或は自ら兵卒となつて入籍し或は自ら入籍せん事を約し或は士官兵卒或は他の軍任に付或は外國の君主又は外國の國外有權者又は外國の殖民或は地外國の州郡或は外國州郡の一部或は外國人民の一部或は或外國の國外殖民地外國の州郡或は外國州郡の一部或は外國人民の一部或は外國國外の殖民地外國の州郡或は

外國州郡の一部或は外國人民の一部の內或は其上に政權を柄り或は之を柄らんとする或人の使役に服き或は其支配を受け或は其輔助を與ふる事に於て若英國皇帝陛下の本國出生の臣民前件の免許なく士官となりて委任命令を受け或は之を受けん事を約し或は水夫海兵として自ら使役せられんか爲入籍し或は外國國外の君主外國の有權者外國の殖民地外國の州郡或は外國州郡の一部或は外國人民の一部或は外國國外の殖民地外國の州郡或は外國の州郡の一部或は外國人民の一部の內に或は其上に政權を柄り或は之を柄らんとする或人の使役に服き或は其爲に服役し或は其配下或は其輔佐に用ひられ或は戰爭の目的に用ひんか爲艤裝する諸船舶に乘組者又は若英國皇帝陛下の本國出生の臣民前件の免許なく自ら或外國の君主外國の政府外國の有權者外國の殖民地外國の州郡或は其州郡の一部或其人民の一部或は外國國外の殖民地外國の州郡或は其州郡の一部或は其人民一部の內に或は其上に政權を柄り

或は之を柄らんとする人等の使役に服き或は其爲に服役し或は其配下或は其輔任にて士官兵卒或は其他の軍任或は士官水夫海兵として自ら海陸の戰爭に用ひられん主意を以て或る外國國外の殖民地外國の州郡或は其州郡の一部或は海外の地方に行き或は之に行く事を得し或は前件の諸船を送り出す者あらは假令前件何れの場合に於ても入籍の報酬を同人に拂ひ或は之を受取りし事非すと雖も其に拘はらす若又大不列顚及愛爾蘭の合衆王國或は其他皇帝陛下所轄たる何れの部分或は皇帝陛下に屬する何なる國殖民地開拓地島及ひ彼に屬する場所の內にて外國の君主外國の政府外國の有權者外國の殖民地外國の州郡或は其州郡の一部或は其人民の一部の爲或は其配下或は其輔助を以て或は前件の如く政權を柄り或は之を柄らんとする或人の爲或は其配下或は其輔助に因て海陸の論なく前件の如き使役職務に於て士官兵卒水夫海兵として或人を雇入或は入籍せしめ或は之を雇入れ或は之を入籍せしめんと

企る者或は前件の如く入籍せられ或は雇入られん目的にて皇帝陛下所轄の或部分を去り或は去る事を約し或は其所轄より出帆せんとする者あらは事實其入籍の報酬を請取る受取らさるを問はす總て此等の件々を犯す者は總て之を罪科と見做し其告狀に由て其罪を證せは贖金及ひ禁錮を以て之を罰し或は右犯罪を證したる裁判所の量見に任せ右の內一則を以て之を罰すへきものなり

第七條

合衆王國の或る部分或は海外にある皇帝陛下の領地の或は部分に住する或る人民陛下の免許なくして或る外國其殖民地其州或は或る州或は人民の或る部分に於て或は或る州郡の人民或は政府の或る權を專にする或る人々に使役せられんか爲又は船舶を裝ひ或は之に軍備をなし又は之を務め或は之を助け或は之に關係する者か或る外國の諸侯國君主皇帝陛下より合衆王國或は陛下の或る領地或は陛下從屬の或る植民地。

植民領知。島或は場所に於て上に陳述したる如く使役せられんか爲皇帝陛下より別段免許を受されは或る諸侯。國或は君主或は其幕下へ對し或は或る植民地。州。或は或る州或は國の部分に於て政府の權を取り行ふ人へ對し或は或る外國の植民地。州或は或る州或は國の住民へ對し敵對をなさんか爲運送船或は貯船として或る船舶を裝せ又は之に軍裝をなし或は軍裝せん事を務め或は軍裝せしめ或は其不正を知りなから軍裝を助け或は之に關係する者は過失の罪ある者と見做し其罪證を示し之を言ひ渡すの後罰金及ひ禁錮に所置するか或は又之を決裁すへき法院の裁判により命する處の罪科の何れかにて之を罰すへし而して右の如き船舶は器械船具家財幷に右船舶中或は之に附屬する諸物品武器軍備及ひ貯品等盡く沒收せらるへし而して成規通則貿易及ひ航海の法則により任せられたる皇帝陛下の稅關及ひ陛下の海軍士官は上に述たる如き船舶を沒收するの權あるへし而して陛下の稅關の士官及皇帝陛下の海軍の士官等各税關の法或は貿易及ひ航海の法により右の如き船舶を取押ふへき權を持有するの士官は之を取押ゆるの權を有すへし而して右の如き船舶は器械船具家財幷に右船舶に附屬する諸物品武器軍備及ひ貯品等盡く税關保護の爲に設けたる法則或は貿易及ひ航海の法律を破りたるを以て右船舶を所置すると同一方法及ひ同一の法院に於て之を所分すへきなり

第八條

若大不列顚及愛倫の合衆王國又は海外に在る英國皇帝陛下の領地內に於て前以格段英國皇帝陛下の免許免狀を不得して船に大砲の數を增すか又は備ふるの大砲を他の大砲と取り替るか又は軍備を增すか又は合衆王國內或は英國皇帝陛下之領地內に到著せし時已に外國國君或は外國政府の權を執り行ふ人又は人々の命令を受る者又は外國國君或は外國政府の配下に屬する人民又は政府の權を執行する人或は人々の管屬

たる植民地。州。郡或は其一部分住する人に屬する人民の指圖を受る船舶軍艦、巡洋船、其他軍備ある船舶の軍勢を增加し若しくは之を知りなから之に關係する人或は人々は犯法の罪ある者と見做し而て知告に依り有罪に決すれは罪金幷に禁錮を以て之を罰すへし或は右犯人の有罪と決したる裁判所の裁量に依り罰金或は禁錮の一を以て罰すへきを又決定す

此書は辛未の秋英國公使館にてヱルネストサトウより贈り與へし橫文を今般本省に於て稻垣八等出仕ヽ及執行謙九郎等之を翻譯し子安少丞宗峻校正する所の譯文なり

二　外國奉行より神奈川奉行へ郭門・及諸橋等通行許可の書翰

明治元年正月廿五日

辰正月廿五日

以手紙致啓上候然は先般別紙之通拙者共より各國書記官へ申遣置候處別

紙御門々此程ゟ御開相成出入共平定之通に有之候間乍御手數貴樣方御引合序其段前文書記官へ御申入有之候樣致度右可得御意如斯御座候以上

正月廿五日

杉浦武三郎

平岡和泉守

菊池丹後守

江連加賀守

水野若狹守樣

依田伊勢守樣

此書は各國公使へ最前布達を廢する旨を傳達の書なるを以て參考の爲于此載す

三　各國民へ局外中立布告に關する神奈川奉行の書翰（明治元年二月四日）

辰二月四日

以内狀致啓上候然は米國ホルトメンへ外引合筋有之罷越候處今卯中刻英國蒸氣軍艦スチープ兵庫港より入津致し同國公使より申越候別紙譯文寫之通申聞以後艦雇上け幷武器買入方之儀は難整尤薩長共同樣の儀にて此かた限之事に無之段はホルトメンゟも申立且和蘭岡士ハンデルタツクへ外用向有之支配組頭差遣候砌前書ホルトメン同樣之儀申聞英米蘭三ケ國公使ゟ各國岡士へ申越候趣をも申聞候依之譯文寫差進右之段可得御意如斯御座候以上

二月四日

依田伊勢守

水野若狹守

江連加賀守樣

尙以本文之趣御勘定奉行外國奉行御目附へも申遣候儀に有之候

一米國ホルトメン承込居候趣申聞候廉々別紙差進候間御老中方へも御申

上方等可然御取計可被下候以上

四　水野若狹守米國ポートマンへ對話の節同人申立書明治元年二月四日

別紙

辰二月四日水野若狹守米國ホルトメンへ對話の節同人申立廉書

一米國公使より書狀之趣にては

勅使壹人は兵卒引連無之兩人は兵卒召連美濃國まて罷越候趣

一英人サトウ幷醫師ウヱリスと申者上京之趣醫師之儀は療養之爲上京致し候儀も可然候得共サトウ之儀は疑問儀に奉存候何歟極密之儀も可有之と奉存候

一仁和寺宮三條前中納言東久世少將外國事務取扱候旨書翰にて申越候由

一英佛宿寺戰爭にて損し候由尤無程修復出來可相成由

一備前家老引渡相成候樣外國人より申立候處右は

皇より取糺しゝ旨引渡候積り返答有之尤備前にゐ差出不申候は
皇より備前を征討いたし候趣各公使上坂いたし候様度々東久世ゟ申越
候得共備前ゝ落着無之故いまた上坂不致候
一此度の戰爭は
皇と大君ゝ戰爭に有之候間土地不殘引渡候樣關東へ申遣候段各國公使
へ東久世より申込有之候由
一長崎奉行被命候者有之同港へ相越候由
先日ゝ戰爭にゐ薩長人數二百五拾人死亡致し候由
一米公使より同國人へゝ布告文參り候
右は國中戰爭に付萬國公法ゝ通り武器類軍艦双方へ賣渡候儀は勿論雇
船も不相成旨も有之候右に付ゐは兼ゐ御買上相成候錸張船も御引渡申
儀難出來困り入候
一蒸氣軍艦五艘程洋中に相見候英ゝ儀は右五艘何方へ相渡候哉難計心配

致し候

一新潟開港之儀問合候處當分開き不申旨東久世より挨拶有之候右樣にて

は江戸も同樣に可有之と奉存候

一神奈川表之儀種々御手配有之候得共京都も御手配有之候處既に薩長其

外々人數俄に罷越

禁庭を奪取候同樣之儀有之候ては御不都合申迄も無之候間右之御手本

に御處置相成候樣仕度奉存候

五　局外中立布告譯文

普告

日本國中にて

御門陛下と　大君之間に戰鬪之起れる趣公法ありしに因り米國臣民等

偏頗なき中立を固守する法を設けん事を欲し其民等に普告するは軍艦

或は兵糧運送船を賣却し或は賃貸し兵器彈藥を賣り兵卒兵士軍務に關る書狀又は兵士を運輸する等都ゟ戰爭に關する事を右對敵双方之孰へにゟも務むるを此戰鬪に乘し志すの所業は萬國公法に基き右中立之法を破るものとし仇敵之所爲とすへし

右双方之内一方に奉職するものは軍律に服從すへし又中立を破る所の船幷に其他運送を助くるものは取押へ入宦すへし（原本牢の字を消て宦に作る）且右之法は中立之人に屬する荷物迄押及ほすへし

右中立を破るものは人船共米國政府の保護を失ひ米國と日本間之條約にて許されある正理を失ふへし

在日本米國ミニストルレシデント

ファンファルケンボルク

千八百六十八年

第二月十八日於兵庫

皇曆明治元年戊辰正月廿五日也

普告

日本國中にて

御門陛下と　大君之間に戰爭の起れる趣公報ありしに因り阿蘭臣民等偏頗なき中立を固守する法を設けん事を欲し其民等に布告するは軍艦或は兵糧運送船を賣却し或は賃貸し兵器彈藥を賣り兵卒兵士軍務に關する書狀又は兵士を運輸する等都て戰爭に關する事を右對敵双方之孰へにても務むるを此戰鬪に乘し志すの所業は萬國公法に基き右中立之法を破るものとし仇敵の所爲とすへし

右双方之内一方に奉職するものは軍律に服從すへし又中立を破る所の船并其他運送を助くるものは取押へ入牢すへし且右之法は中立の人に宦原本如此屬する荷物迄押及ほすへし

右中立を破る都て之阿蘭人は其政府之保護を失ひ阿蘭と日本間の條約にて許されある正理を失ふへし

日本に在る阿蘭コンシユルゼ子ラール兼ポリチーキアゲント

トテカラーフファンボルスブルック

千八百六十八年

第二月十八日於兵庫

皇暦明治元年戊辰正月廿五日也

此書は舊幕府進呈丁卯戊辰諸綴込記中に所載也

六　外國奉行より神奈川奉行へ局外中立布告の回翰 明治元年二月五日

辰二月五日

御內狀致披見候然は米國ホルトメンへ御引合筋に而御越之處昨四日卯中刻英國蒸氣軍艦スチツフ兵庫表より入津致し同國公使ゟ申越候別紙譯文寫御差越且以後船艦雇上け武器買入方之儀等云々ホルトメンより申立候趣英米蘭三ケ國公使より各岡士江も同様申越候處ホルトメン申聞候儀等御申越之趣委細致承知候右御報可得御意如斯御座候以上

二月五日

江連加賀守

水野若狹守樣
依田伊勢守樣
尙以御端書中廉書御別紙落手御申越之趣承知致し御老中方ゟも可然可申上候以上

七　局外中立布告中文辭更改請求の建白　明治元年二月五日

辰二月五日

武器賣買差留方各國公使觸書
文言之儀に付申上候書付
神奈川奉行

武器賣買差留方各國公使ゟ觸出之文面新聞紙に布告有之右は昨四日申上候通にゟ委細御承知被爲在候儀と奉存候然る處右觸書之初に日本國中にゟ

御門陛下と
大君との間に戰鬪起れる趣公報ありしにより云々有之左候ては上樣御事
今上には被爲對御戰鬪相成候樣に相聞兼て被　仰出候御謹愼御恭順之御趣意反し候而已ならす君臣之御名分難相立哉に奉存候次第にて不都合至極之文意と奉存候勿論右は京都より各國公使へ達振諭書之通故右を證に致し相觸候儀にも可有之候得共先入は主となるの理にて始終彼に讒せられ候一端とも奉存候間右大意は速に公使へ御懸合之上御打消相成候方と奉存候尤私共ゟ新聞紙局へ及掛合候得共同局之儀は公用之文字を其儘植付候迄故點删可致權無之筋に付其儘差置候儀御座候依之此段申上置候以上
二月五日

水野若狹守

依田伊勢守

本文普告文之儀昨日差上候は米蘭二ケ國にて英國は外に規則書相添差出し右は私共ゟも差越候得共長文にて翻譯出來兼候間差出不申候乍去

御門云々と之文字は同樣に有之孛國文は獨逸文故發輝と難相分趣に御座候以上

八　閣老小笠原壹岐守より各國公使・岡士への書翰案　明治元年二月六日

辰二月六日　前書神奈川奉行よりの申稟書に外國奉行の附稟

書面之趣一覽仕候處此度商船幷雇船等差留方之儀に付英米佛蘭孛伊公使より觸書之文意中御名義に關涉仕不都合之廉早々公使へ御掛合之上御打消相成候方可然との趣に有之勘弁仕候處當節柄右等之意味御國内は勿論外國へ訛傳いたし公報と相心得候樣にては是迄御遜讓之御深意も相立不

申恐入候次第に而申上候趣尤之次第に相聞候間いつれにも一應三公使へ御懸合相成尤外公使へも豫しめ被仰入置候方と奉存候依之別紙御手前樣方より各國公使へ之御書簡案幷瑞葡白コンシユルへ私共ゟ之書簡案共取調此段申上候

二月

川勝近江守
江連加賀守
石川河内守
平岡和泉守
糟屋筑後守
酒井對馬守
杉浦武三郎

書翰案

英公使へ

以書狀致啓上候然は先般伏見之戰爭に付貴樣幷米蘭孛公使等於て萬國公法中立之法に隨かはれ賣船雇船等禁止之儀其國民へ普告被致候書面中

御門陛下と大君之間に戰鬪起りし旨之文段相見へ候得共右戰爭之根元は我大君上洛之先供鳥羽街道四ツ塚關門通行之砌薩藩之もの謂れなく差拒み彼方より不意に炮擊致候に付當方に於ても無余儀應砲に及ひしにて素より

御門之兵と戰鬪に及ひし儀に無之乍然一時之紛紜を以近畿を騷擾し

御門陛下を驚かし民心を動かし候而は我

大君至正無私之御素志に相戾候に付大坂を引拂兵隊を收御東下相成候儀に有之候間前書貴樣より貴國臣民への普告書之內

御門陛下と大君との戰鬪起りしと之廉は早々御改正御觸直し被下度右

可得御意如斯御座候以上

二月　日

前同文言

佛米蘭孛伊公使へ

佛は貴樣并英蘭米孛伊公使
米は貴樣并英佛蘭孛伊公使
蘭は貴樣并英佛米伊孛公使
孛は貴樣并英佛米蘭伊公使
伊は貴樣并英佛米蘭孛公使

丁抹政府全權
魯コンスル　へ

以書狀致啓上候然は先般伏見戰爭に付英米蘭孛公使於て萬國公法中立之法に隨ひ貢船雇船等禁止之儀其國民へ布告せられし書面中
御門陛下と大君之間に戰鬪起りしとの文段相見へ候得共右戰爭之根元は我大君上洛之先供鳥羽街道四ツ塚關門通行之砌薩藩之者無謂差拒み彼方より不意に砲發致し候より當方に於ゐも無餘儀應砲及ひしにて素

より
御門之兵と戰鬪及し儀に無之乍然一時之紛紜を以近畿を騷擾し
御門陛下を驚かし民心を動かし候而は我
大君至正無私之御素志に相戻候に付大坂を引拂兵隊を收御東下相成候
儀に有之候間既に右四ヶ國公使等へ前條布告書改正之儀賴入置候に付
其段貴樣ニも御心得有之一度右可得御意如斯御座候以上

二月

瑞西代任コンシユルゼ子ラールへ
葡白コンシユル

前同文言右總裁之命に依り可得御意如斯御座候以上（外國奉行連名）

此各國への書翰案施行せしや否記錄なし明治七年四月水野千濱（舊神奈川奉行若狹守良之）へ顚末を問ふ千濱云へらく其頃閣老へ建白し尙神奈川在留各國公使等へも
天朝に對し奉り毫末も抗衡し奉るに非す全く先驅の卒忽より一時戰鬪の勢に至りしかども慶喜に於ては深く其粗暴を恐れ速に鎭撫し兵を纒めて江戶に歸
城し謹愼す然るに布告の文を以て各國に報知あらは
天朝に對し抗衡の趣に聞え慶喜の本意に違へりと辨駁せし事は確に覺あれど

も建白以後の處分は外國奉行の知る所なれば其後の事は神奈川にては知れ難し事多端ならさる日は建白の末其採用の有無達し來れども不容易に時勢例の順序にも行屆かず遂に事脫になりしも計難ければ同時在勤舊奉行を訊問施行の有無を報知すべしと約し別れ其後不日して右れは混雜中確と施行の有無を覺へざれども面晤に辨じ事濟しにもあるべしと返答判然ならず舊幕府進呈の舊記中戊辰各國往復書翰取扱に此の書翰の事を載せず各國公使館にも此書翰を傳へざるを以て推考ふれは應接中に濟しなるべし慶應四年各國書翰取扱記を考ふるに同書各國の部に英米蘭佛孛伊公使瑞葡白コンシユルへ　御門と大君と戰鬪有之との布告文段打消方御書翰に書翰案但武器商買神奈川奉行建白書下ケ札評議ものとぢ添五十四番にて廻しに出すと而已ありて以後の施行を記さゞれば各國公使へ達せざりしは明也

九　横濱處置に付東久世通禧等京都へ言上書　明治元年三月十七日

辰三月十七日

今第十二字佛公使爲名代横濱より昨夕到著之佛士官ブロートン儀英士官ミツスホルト同伴罷越候故東久世一同及面會候處今日は右兩人各國公使代に罷越候由にて別紙書翰譯文相添差出候に付差出申候尤ブロートン儀五日之間相俟居候故夫迄に御決答相伺度趣共申立候早々御評決相成度別

にミツスホルトパークスよりの書翰も同人讀爲聞候趣御座候に付委曲事
情爲陳述五代才助差出候故御聞取所希に候
一パークス書通讀候內尙爲御心得ケ條左に覺書添申候
横濱港は大馬頭に付總督之外屬吏差向必用貳百名計は有之度由尤港
內守衛之指揮官等も加入
一ミツスポルトは左之三ケ條申述候
總督始出横相成候共決ゐ無御懸念之譯は公使之如申立候處尙航海中
爲警衛英國軍艦一艘御供可致候
是迄德川之役人は狐にゐ役に立不申候
宗城云
各國公使より被申越候趣且ミツスポルト話之趣
朝廷へ申出候はゝ不日評決可相成督補之內横濱へ參候にも當港兵
庫にも蒸艦不居合候故少々間合可有之哉と考候

ミッスポルト云
督補其外七八人は右軍艦より護送申上候儀は無差支候
概略如右御座候故此段布（本ノマヽ）奏申上候恐惶頓首
三月十七日第十七字

宇和島少将
東久世少将

三條大納言
岩倉金吾
両閣下

一〇　各國公使連署書翰　明治元年三月十二日

別紙譯書

以書狀致啓上候條約國名代拙者共先達而兵庫に於て　皇帝政府より　皇帝陛下の軍兵は横濱市中幷其港之外國人民之諸事を注意して不相妨様殊

に御請合被成候趣領掌いたし候然るに兩三日前より効驗を見分いたし候處

皇帝之前軍司令官は親切に候得共橫濱の外國居留人を安穩に守護するに付心配之根元に不相成樣其軍兵を差配致兼當時橫濱奉行より　皇帝政府にて御沙汰有之時は當地を可引涉用意いたし居候旨告知いたし候得共皇帝の名代として此儀を被命且御引涉に相成候事件に付拙者共へ御報告被致候高官いまた御越無之候右動搖之事情にて不安穩に付拙者共各其人民を警衛する處置いたし候筈に相成候當港に於て適宜なる貴國の諸有司被差置候而各國人民を安穩に守護するに付安心可致節は早速右警衛之處置相休可申候是故に拙者共　皇帝政府へ相願度儀は當港平穩に可致恢復御處置有之度且拙者共ゟ　皇帝政府と往復する一定の仕方を被相立候外國事務總督を橫濱へ御差出被成候樣いたし度事に候當時橫濱奉行は其同道いたさせ度役人幷に其外之者を召連れ靜に當地を立退候儀を御許容有

之候はゝ
皇帝の御委任を蒙り當地を引受候有司へ當役を可相渉用意いたし居候事は拙者共熟知いたし候此段得貴意度如斯御座候拜具謹言

横濱　西洋第四月四日
　　　日本三月十二日

孛國シヤジダワフヱール
フオンフラント

米國在留《マヽ》ミニストル
アルビイフアンフアルケンバルク

意太利國特派公使幷全權ミニストル
デラツウル

英國特派公使全權ミニストル
ハリエスパークス

佛國全權ミニストル

レヲンローシ

山階宮
三條前中納言
東久世少將　閣下
宇和島少將
肥前侍從

一一　各國公使連署別翰　明治元年三月十二日

別翰

千八百六十八年第四月四日横濱

下名之條約各國目代過日兵庫におゐて横濱市街及ひ當港に在る外國人の益をヒスマゼスティー尊稱御門の兵士謹んて尊敬すべき旨の確證を御内政府より得たり然るに兩三日經驗するに御門先鋒の指揮官等熟篤之意あれ

とも其指揮官等軍兵の運動を導くに横濱外國居留人安全のため懸念の廉々を防く能はさる事判然たり先大君にて任せし鎭臺當市街を御門政府より受取りに來れは御門政府に引渡す用意整ひある旨を外國目代等に說明せり然れとも御門の命にて右求を爲すため又は右受取渡の仕方を下命の者共に報告するため長官いまた來らす此變動より却而危難に因り下命の者とも其國民等を守護する法を勉て設けたり當港も充分なる當國の支配を立て下名の者とも其國民等の安全慥なりと思ふや否やを悦んて止むへく故に當港之取締及ひ安全を快慶する必用之法を設け且御門政府の通達する方便を下命の者とともに與ゆるため外國事務執政を横濱に遣り給はん事を下名の者共御門政府に懇願す當今の横濱鎭臺召連れんと欲する士官及ひ兵士一同當地を穩に退くるを鎭臺に許しなは政府を受取へきを御門より任せし士官に引渡す用意整ひあるを下名の者共保護す敬白

在日本

佛國全權公使
レオンロセス
同
英國全權公使
シルハルリパークス
同
伊太利亞全權公使
コーントデラトール
同
米國ミニストル。レシデント
ファンファアルケンボルク
同
孛國チャルシタヱッフヱール

フオン、ブラント

呈

東久世少將
宇和島少將　閣下

此書は佛國人プロートン横濱ゟ携來昨十六日着坂本日在坂英國人ミツトホルトと同伴共に各國公使名代の旨を稱し大坂裁判所外國事務局へ出頭通禧宗城出會す先プロートンミツトホルトの二人各國公使の名代なる旨を述へ次に横濱を保護する首領なく各國人心を安んずる事無けれは各國公使甚苦心す既に頃日官軍の先鋒兵士横濱に輻湊陸續として間斷無けれは　天朝の官員片時も早く出張土地の制馭を定め各國人安堵の方法を立られ度舊幕府の官吏は交付の准備を整へ只管天朝諸官員の下向を竢てり固より異議ある體なられば迅速の出張肝要なく今日より日數五日を期して回答を收領直ちに東歸公使に復命せんの事を約し來る旨を陳述す宗城が答に來意の趣を　天朝に奏聞せば督輔の内東下の命あらんは必定也といへども方今坂庫兩港に蒸艦不在因て暫く延引せんも計り難しとミツトホルト其言を聞途中保護の爲め英國の軍艦一艘を送らぬべければ其艦にも七八名は乘らるへし何れにも神速の東下是各國公使一同冀望する處なりと云ふ兩總督其所説を首肯何れにも京師に奏し　朝命を竢ち決定の返答に及はん旨を約す兩人承引尙五日の期を約し退散因て通禧宗城連署の書翰に英佛兩士官等が演説の趣を脫漏無く書載せ横濱より贈る處の各國公使連署書牘二逓を附し卽日太政官代に進達す因て頓に決議決し總督の人選ありて同二十日通禧の兵庫裁判所總督を免し更に横濱裁判所總督を命せられ鍋島侍從を其副と爲し以下隨從の官員を定め佐賀藩の蒸氣船より東下の籌筭大略決議是に於て各國公使への返翰に粗

其趣を記載するに至れり廿一日返翰の條を對照せは事狀自然判然なるべし

一二　征討の大意を各國公使へ報知せんことを英國公使へ依頼の書翰　明治元年三月十七日

辰三月十七日

過月外國事務總裁より及布告候通德川慶喜以兵力犯
皇都一敗之後妄擧從助之諸侯共に江戸城に歸る其後擧動不相分我等
皇帝より受海陸軍大總督之命欲糺其罪此趣意各國公使へ宜傳告致依賴候

慶應四年三月十七日

日本政務總裁兼海陸軍大總督
二品熾仁印

英國公使　几下

一三　横濱守衞者任命を英公使へ報知の書翰　明治元年三月十七日

米倉丹後守

右此度横濱鎭臺相備候迄同所裁判警衞取計申付候自餘之官吏是迄之通着置候此旨貴國より各國公使傳告致依賴候

慶應四年三月十七日

日本政務總裁兼海陸軍大總督

二品熾仁印

英國公使几下

大總督宮より此書牘二通を英國公使へ送致に就き寫を京師へ進達ありしに因り外國事務係後藤象次郎より同月廿四日大坂外國事務局へも寫を以て報達し來りし也其書左の如し

別紙兩通東征大總督府ゟ英國公使ニ御渡之紙面寫相廻來候間差出申候以上

三月廿二日

後藤象次郎

小松帶刀殿

五代才助殿

一四 横濱に於ける諸處置に付三條中納言等より各國公使へ依賴の書翰 明治元年三月廿一日

辰三月二十一日

今般官軍前隊横濱近所へ到着より之事情且舊幕横濱司長　朝廷より之鎭臺相立次第兼而可引渡用意致し居候趣に付速に可相受取人員差出候樣御細翰之趣相達候依之東久世中將肥前侍從鎭臺被命徵士參與井關齋右衛門大隈八太郎徵士陸奥陽之助其外附屬之人數引連佐賀蒸氣船ゟ不日出帆差越候間右人數回著迄之處可然御處置可被下候此旨御返答如斯御座候以上

三月

伊達少將

三條中納言

佛國全權ミニストル

モンシユアレヲンロージ

英國特派公使幷全權ミニストル
サアハルリーパクス
伊太利特派公使幷全權ミニストル
モンシユアルコムトデウラツール
米國東留ミニストル
アルビイフアンフアルケンバルク
孛國シヤルダフエール
モンシユアホンブランド
閣下

此返翰何日に達せしにや記錄に草案のみありて其事を記さゞれ共佛人ブロートン日數五日を約して回答を俟つとあれは本日の達なるは論を俟す

一五　各國岡士との應接員に付東久世通禧等各國公使への書翰　明治元年四月二十日

辰四月二十日

以手紙致啓上候是貴國コンシユルより神奈川奉行へ引合相成候事件以來は徵士參與神奈川裁判所判事寺島陶藏井關齋右衛門へ引合候樣御達可被成候此段得御意候以上

辰四月二十日

肥前侍從

東久世中將

太貌利太泥亞特派全權公使兼コンシユルゼ子ラール

ハルリースハルクス

閣下

此書英館寫を以揭于此各國所藏同文言

一六　橫濱居留地取締事務に付神奈川奉行より英國

公使宛書翰

明治元年四月二十日

辰四月二十日

以書狀致啓上候然は別紙居留地取締事務之覺書當時閣老無之に付拙者共より差進申候右はトーメン氏より差出候書に有之候且拙者儀不日神奈川奉行之職を辭し候積に有之候トーメン氏是迄格別出精にて我政府之ため有功之段甚滿足存候閣下之御推擧厚謝いたし候此段可得御意如斯御座候以上

慶應四年辰四月

依田伊勢守判

水野若狹守判

ハルリーパアクス閣下

此トーメンよりの書翰今記錄するものなければ詳にするに所由なし

一七　神奈川奉行より各國書記官へ事務を新政府に引繼せる旨の通牒

明治元年四月二十日

辰四月二十日

以書狀致啓上候然は我大君國政を　皇帝陛下へ奉還候に付當地之儀新政府總裁へ引渡候樣下命ありしかは今般夫々引揚相濟拙者共儀は江戸へ相歸り申候右之趣貴公使へ御通達有之候樣存候此段得御意置候以上

慶應四年辰四月

依田伊勢守花押

水野若狹守花押

和蘭陀使臣館書記官

ケレインチース貴下

此書各館にあり于此載するものは蘭館所藏の寫なり

一八　神奈川奉行より各國書記官へ舊誼を謝する書

翰　明治元年四月二十日

辰四月二十日

以書狀致啓上候然は今般當地引拂之儀以表狀相達候通にて是迄貴下御懇篤之交誼は所謝に候謹言

辰四月廿日

依田伊勢守　花押

水野若狹守　花押

ケレインチース貴下

前斷に同じ

横濱

一九　判事より各國岡士へ武器賣買に關する通牒　明治元年閏四月

辰閏四月五日

井関
寺島

英佛米蘭孛葡瑞白伊丁
岡士貴下

外務省記錄中立顚末

○中立顚末に曰本條番號英第四號佛第三號米七號蘭第三號葡第四號孛白伊丁瑞共第三號
○又曰神奈川縣廳所藏戊辰各國往復書翰留記に此草案を載せ閏四月五日達すとあり此件各國より回答の神奈川縣廳留記中に武器賣渡方之義に付各國岡士へ相達假書翰并英米岡士より返翰是は――知るへし

辰閏四月五日

以手紙致啓上候然は方今我國內不穩之折柄武器之儀は條約に有之候通政府之外賣渡方は不相成事故先達而於大坂表各公使へ事務總裁より相達候

趣も有之候間當地に於て銃砲幷玉薬賣渡候節裁判所役人差添罷越候者之外自己に買受候者有之候はゝ名前相糺差支之有無其商人より賣渡以前裁判所へ申聞候樣致度若右に相背猥りに賣買致し候者有之候はゝ篤と可及引合候間貴國商人へ早々御布告有之候樣致し度存候右可得御意如斯御座候以上

辰四月五日（原本如何前に閏四月五日達すと見へたれは恐らくは閏字脱せんか）

井關齋右衞門

寺島陶藏

英米佛蘭孛葡瑞白伊丁

岡士貴下

英第四號　孛三號
佛第三號　白三號
米第七號　伊同斷
蘭第三號　丁同斷
葡第四號　瑞同斷

神奈川縣廳所藏戊辰各國往復書翰留一番記中目錄十八の條武器賣渡候節者其都度裁判所へ届出候樣各岡士往答書簡と見えし條に此草案を載閏四月五日達

すとあれは是神奈川に於て武器賣買の事件最前（正月廿一日）兵庫にて東久世中將より各國公使へ所達旨趣を照準し各國岡士へ初て達したる往翰也此回答左に擧記する外所見なし

神奈川縣廳記錄各國公使岡士と協議決定事件抄錄と表題せし書中に一武器賣渡方之義に付各國岡士に相達候書翰幷英米岡士ゟ返翰　是は御國內不穩之折柄武器之儀は條約面にも有之候通政府之外へ賣渡方は不相成事故當地在留外國商人より猥に御國人へ賣渡候もの於有之は篤と可及引合旨各國岡士に申入候處英岡士よりは承諾之返翰差越米岡士よりは中立不倚之事を以返翰其余は返翰不差越候事と見えたれば其他返翰無かりしを知るへし

○金川府日誌（戊辰）を考ふるに閏四月十二日の條に

橫濱表に而外國人より銃砲買入之儀大總督府印鑑持參致し候ものに無之候而は差許不申積り兼而御達相成候儀に候此程中より諸道總督府印鑑持參買入方申立候分も有之兼而御達之趣にも相振れ候間其段申談差越し候儀に有樣之右は諸道總督府幷各藩へも早々御達相成候いたし度此段御掛合およひ候以上

閏四月十二日　　神奈川府裁判所判事

大總督府下參謀中

辰閏四月十四日

以手紙得御意候自分共儀此度箱館裁判所總督被命彼地へ罷越候に付此段

爲御案内如此御座候以上

後四月十四日　　清水谷侍從

大不列顚特派公使全權ミニストル

ハルリースパークス　閣下

于此載する者は英國公使館所藏書翰の寫也尤此書各館に藏す

○戊辰記簿第一號中

日本國天皇告各國帝王及其臣人嚮者將軍德川慶喜請歸政權制允之內外政事親裁之乃曰從前條約用大君名稱自今而後當換以天皇稱而各國交接之職專命有司等各公使諒知斯旨

慶應四年戊辰正月御諱

此御布告慶應四戊辰閏四月箱館外國事務總督清水谷侍從持參コンシユルへ渡候事と見えたれども同年各國往復書翰留記六月二十四日の條下に

以手紙得御意候今般清水谷侍從箱館府知事皇帝政府より被命被罷越候間御承知之上彼地在住之岡士にも御通達被下度此段如斯御座候以上

辰六月廿四日　　東久世中將花押

各國公使閣下

と見えたれは閏四月に事務總督の奉命ありし後更に府知事に任せられ六月に至り彼地に發行ありしは此書翰中被罷越云々とあるを以て論を俟たす然れは於箱館魯國岡士へ右御布告を遞與されしは六月廿四日より後なるを知るに足れり

○是は局外中立に關係の事件なられと長崎は二月十五日前主水正澤宣嘉事務總督兼外國事務總督として同所下着箱館は此時に官員派出及前に載する御布告外各國へは正月十五日兵庫港に於て東久世中將初て各國公使へ應接の節に授與し晉國公使は不在に就き後日清水谷侍從より於箱館遞與の事を筆の便次に于此載せて後考に備ふ

辰閏四月十四日

以手紙得御意候自分儀今度箱館裁判所副總督被　命彼地へ罷越候に付此段爲御案内如此御座候以上

後四月十四日

土井能登守

英國公使

ハルリースパークス　閣下

于此載する者は英國公使館所藏書翰の寫也尤各館に此書を所持す

二〇　武器賣買通牒に對する米國岡士よりの回翰 明治元年閏四月廿一日

辰閏四月廿一日

銕砲彈藥等之儀に付第七號之貴翰致拜誦候然は銃砲彈藥等賣渡等之儀に付大坂に於て貴國閣老と外國目代等と御定約取極相成候趣は拙者未た承知不仕候に付右約定書控遣し呉候樣合衆國ミニストル方へ以書狀申遣候間第七號貴翰中の右約定控請取次第猶又其段早々御報可申候以上

合衆國コンシユル
ジユリユスストール

千八百六十八年第六月
合衆國コンシユル所

寺島陶藏殿
井關齋右衞門殿

此書翰神奈川縣廳所藏戊辰各國往復書翰留一番の記中にあり

二一　武器賣買約定に關し米國岡士より回翰 明治元年閏四月廿三日

辰閏四月二十三日

一筆啓上仕候然は先日第百五十八號之書翰を以て申上候第七號貴翰之外國目代等并閣老と大坂に於て取極候約定之儀は合衆國ミニストルは更に存不申趣に御座候

取結候約定は兵庫に於て公布有之候中立之事而已に御座候謹言

千八百六十八年第六月十三日

合衆國コンシユル

ジユリユルストール

寺島陶藏殿

井關齋右衛門殿

此原書神奈川縣廳所藏各國往復書翰留一番の記中にあり

二二　各國公使宛軍用品賣買に關する約定更改の書翰 明治元年閏四月廿三日

辰閏四月廿三日

以手紙致啓達候然は先達ゐ於兵庫表双方に運用品賣渡し又は兵力を助け候儀無之樣以書翰申入置候得共別紙之通り大坂に於て布告有之慶喜征討取止相成候に付最前兵庫表におゐて申入候儀は取戻に致度存候尤以來は條約第三ヶ條軍用之品は日本政府と外國人とに而已賣るへしとの意に基き度存候間貴國人民へ早々廻達有之度此段得御意候以上

辰後四月廿三日

肥前侍從

東久世中將

英佛米蘭孛以

公　使　閣　下

英第四號　蘭同斷　米第三號　伊同斷　佛第三號　孛第二號

二三　同上別紙

別紙

行在所日誌書抜

一此度大總督宮より言上之趣も有之德川慶喜降伏謝罪奉仰
天裁候に付ては非常至仁之
叡慮を以て寛典之御處置可被　仰出依之來る七日
還幸被爲　在候旨被　仰出候事

閏四月

先是東奥出兵の　朝命を奉じ佐嘉藩の隊長米國人に談合し其持船を雇ひて兵卒軍器を陸奥松島へ運送せんとす于時米國大艦指揮役局外中立中兵卒軍器を運送するは布告に背き以の外也と制して許さず固より最初の談判は裁判所の關係あるにあられど至急の出兵猶豫すべき時機ならればり取敢ず書翰を贈り局外中立廢止の布告を請ふに至れり是廢止往復の遽に起り原因なり閏四月十三日通禧横濱より宇和島少將へ贈る內狀中に關東形勢追々報知も可有之候へとも舟橋八幡兩戰官軍不利賊勢甚猖獗致居候處木更津戰爭薩兵盡力大勝利賊軍退散に付凱陣致候に付江城の都合大に宜相成候先頃は參謀兩人共留守薩長兵は他へ出居江城手薄にて大に心痛致候不評判而巳にて候處又々大に勢付當節にては色直り申候大村益次郎出府にて軍事の手配り行屆可申と存候莊內の方へも肥前勢五百人明

後日比發送に相決し申候由略下是則前に云ふ松島へ航海の兵隊の事を斥し云はれしなるべし

二四　局外中立廢止に付英國公使よりの回翰　明治元年閏四月廿六日

辰閏四月二十六日

貴國閏四月廿三日附之貴翰致披見候右來示之趣に付

御門陛下より德川慶喜へ御申渡相成候ケ條書幷慶喜る差出候請書之寫共早々被差送候樣致度候且先般兵庫表我英國人中立之儀

御門政府より余へ及掛合候處今般被取戻度趣被申越候得共其趣意未分明に付猶委細之儀被申越候はゝ各國同列と處置之評議に及可申存候此段爲

御回答如斯御座候

閏四月廿六日

ハリエスパルケス

肥前侍從

東久世中將

兩閣下

今案各國公使等一同徳川慶喜遵奉の事を問ひて局外中立を速に廢止せざるは布天朝の御布告より日數十九日以前徳川家薩藩の爲に此事の布告を各國公使に布達し其日鳥羽伏見の戰爭起り遂に東下尋て征討の王師を關東に差向らるゝに至り又　天朝より徳川家の兵力を援くるの處分なからしむべしとの御布達あれば其請求は双方より起り廢止は　天朝よりの御沙汰のみにて徳川家より廢止の通達なきに因り公使等緊りに慶喜の遵奉を問ひ且奥羽越の諸藩征討の王師を向けられ江戸近傍徳川家の脫走人暴行武相豆甲信兩總兩野に騷擾あれば旁以廢止を遽に施行せざりしなるべし

二五　佛國公使より同斷の書翰　明治元年閏四月廿六日

辰閏四月二十六日

在日本佛國公使館

千八百六十八年第六月十六日横濱

外國事務總裁

東久世中將

肥前侍從

閣下

去十三日附尊翰謹而致落手候（皇暦閏四月廿三日則洋暦六月十三日に當るを以て如此記せり）

皇帝陛下より德川慶喜へ被　仰渡書之寫幷右被　仰渡書之事に付回答書之寫を拙者へ御惠投被下度奉存候我國民中立不羈之事に付

皇帝陛下之政府より拙者へ御申入之趣御取戻被成度右御同書中御懇望之事に付拙者之同僚等と協議し右施行すへき事に付致評決候以前巨細に御懇望之御趣意閣下に御尋申上候事要件と奉存候謹言

佛良西全權公使

ヲウトレー

神奈川縣廳所藏各國往復書翰留に英國よりも同樣の書翰差出右御返翰の儀陶藏佛館へ罷越候に付英國へ被仰遣候趣話聞候に付御返翰は不出積に候事と書入あり考證の爲め抄出して載于此

二六　米國公使より同斷の書翰　明治元年閏四月廿六日

辰閏四月廿六日

在日本合衆國公使館

千八百六十八年第六月十五日（我閏四月廿五日）横濱

外國事務總督

東久世中將

肥前侍從　閣下

去十三日（皇曆閏四月廿三日）附尊翰致落手候

皇帝陛下より徳川慶喜へ被　仰渡候御書付之寫幷右御書付之事に付回答之寫を御惠投被下度奉願候

皇帝陛下之政府より御國民之方へは中立不覇之一件に付拙者へ御申入之趣御取戻可相成右御同書中に有之候御熟望之事に付右施行すへき筋道を評決せんため拙者之同僚外國目代と致協議候以前に御懇望御

趣意之巨細を閣下に御尋申上候事要件と奉存候拜具謹言

在日本合衆國ミニストルレジデント

アル、ビ、ファルケンボルグ

此原書横文は神奈川縣廳所藏戊辰往復書二番之記事局外中立取消一件の部前の文を所載の紙裏に結付有之

二七　和蘭公使より同斷の回翰

明治元年閏四月廿六日

辰閏四月二十六日

當十三日附御紙面之趣致承知候然は

日本皇帝陛下より德川慶喜へ之被仰渡書幷同人右被　仰渡承伏仕候趣之答書之寫御贈被下候樣願上候幷兵庫にゐ

日本皇帝陛下之政府より拙者へ御賴相成候中立不羈之事を引戻可申貴翰之趣に付拙者同僚外國目代等と右事件如何處置可致哉を取極候前に貴下御望之巨細御申越有之度存候謹言

和蘭ポルチーキアゲント兼コンシュルゼ子ラール

トテカラーフハンポルスブルック

千八百六十八年

第六月十六日金川

東久世中將

肥前侍從

閣下

此書は彼より回答譯文の裏に所記の譯文にて神奈川縣廳所藏戊辰各國往復書翰留二番の記中局外中立取消一件の部に綴加たりし西洋紙の原本を以謄寫之

二八　孛國公使より同斷の書翰

明治元年閏四月廿六日

辰閏四月二十六日

去十三日附尊翰謹而致落手候

皇帝陛下より德川慶喜へ被　仰渡候御書付之寫幷右御書付之事に付回答之寫を御惠投被下度奉願候

皇帝陛下之政府ゟ御國民之方へは中立不覊之一件に付拙者へ御申入之趣御取戻可相成右御同書中に有之候御懇望之事に付右施行すへき筋

道を評決せんため拙者之同僚外國目代と致協議候以前に御懇望御趣

意之巨細を閣下に御尋申上候事要件と奉存候謹言

孛漏生チャルジダヱッフヱールス

フォンブランド

千八百六十八年

第六月十六日

我五月七日と書入あり五月七日誤也

閏四月廿六日則洋暦第六月十六日也

呈

東久世中將

肥前侍從　閣下

此書は彼より回答横文の裏に所記の譯文にて神奈川縣廳戊辰各國往復書翰留

二番之記中局外中立取消一件の部に綴加たりし西洋紙の原本を以て謄寫之

二九　局外中立廢止に付橫濱判事より大坂外國事務局判事へ報知書翰

明治元年閏四月廿七日

辰閏四月二十七日

双方に軍用之品賣渡又は兵力を助候儀無之樣各國公使へ於兵庫先達而御達相成候趣今般取戻之儀別紙御書翰寫之通去る廿三日相達候處いつれも返答無之候に付及催促候得共評議中之趣申答確報無之候得共爲御心得別紙書類差進申候以上

辰閏四月廿七日

井關齋右衞門

寺島陶藏

小松帶刀殿

西園寺雪江殿

○此書翰の返書記錄するもの無ければ結局を詳にせす此頃外國官を大坂に置宇和島少將總督を兼帶中に就き前の書翰往復の寫を附して此書翰を贈りしなり

三〇 米國岡士宛武器賣買に關する前書の誤謬を

正せる書翰

明治元年閏四月廿七日

辰閏四月二十七日

第百六十二號の御返書落手披見致し候然は方今我國内不穩之折柄武器之儀は條約面に有之候通政府之外賣渡方は不相成事故於當地銃砲幷玉藥賣渡候節裁判所役人差添罷越候者之外自己に買受候者有之候はゝ名前相糺し其商人ゟ賣渡以前裁判所へ申聞候樣致度若右に背き猥りに賣買致候者有之候はゝ篤と可及引合候間貴國商人へ早々御布告有之候樣致し度存候旨第七號之書翰に申進候節於大坂公使へ事務總裁より云々相達候趣申進候は全く筆者之誤に而彼是御應答御手數相掛け氣之毒之至に候其廉は御取消相成自己之賣買方御差留之儀御布告相成候樣致度存候右之趣得御意候以上

辰後四月廿七日

井關齋右衛門

亞墨利加合衆國岡士

シユリースナホル貴下

此草案神奈川縣廳所藏戊辰各往復書翰留一番の記中にあり

寺島陶藏

三一　局外中立廢止に付伊國公使より回翰　明治元年閏四月廿九日

辰閏四月二十九日

東久世中將

閣下

肥前侍從

去る十三日附尊翰謹ゑ致落手候

皇帝陛下より德川慶喜へ被　仰渡候御書付之寫幷右御書付之事に付回答之寫を御惠投被下度奉存候

皇帝陛下之政府より御國民之方へは中立不羈之一件に付拙者へ御申入之趣御取戻可相成御同書中に有之候御懇望之事に付右施行すへき筋道を評決せんため拙者之同僚外國目代等と致協議候以前に御懇望御趣意之巨細を閣下に御尋申上候事要件と奉存候拜具謹言

意太利亞公使

千八百六十八年

第六月十六日

テラトール

此書神奈川縣廳所藏各國往復書翰留二番之記中局外中立取消の部中にも此譯文の寫見えたれとも原書に載せす

同書に閏四月廿七日差出すとの朱書あり

戊辰中立顚末卷之三

一　各國公使の請求により慶喜への御沙汰書等を贈るの書翰　明治元年五月二日

慶應四年戊辰五月二日

無號

第六月十六日米は六月十五日附報翰致披見候然は德川慶喜征討に付貴國政府におゐては何方にも偏頗無之筈に付局外中立之儀當正月廿一日於兵庫申進置候處慶喜降伏謝罪奉仰　天裁候に付最早中立之儀は無之筈に相心得候處今般米國船米國公使へは貴國船を雇ひ奥州海灣へ向けんとせしか米國軍艦米國公使へは貴國軍艦より彼是申聞られ候故に心付各位へ取戻之儀申進候事に候其段御了解可然御處置相成貴國人民へ早々御回達有之度依之「我「ミミミ」佛公使へは之を除く皇帝陛より下德川佛公使へは此二字を加ふ慶喜へ申渡書幷慶喜請書寫「をも相添」佛公使へは此四字除右之趣御報旁得御

意候以上

五月二日

肥前侍從

英佛米蘭孛以

神奈川書翰留朱書如此

各通 六公使閣下

二白東久世中將儀は出府中に付除名いたし候以上

二 同上 御沙汰書

別紙

第一箇條

慶喜去十二月以來奉欺 天朝剩さへ兵力を以て犯 皇都連日錦旗に發砲し重罪たるに依り爲追討官軍被差向候處既に眞實恭順謹愼之意を表し謝罪申出に付而は宗祖以來二百余年治國之功業不少殊に水戸

贈大納言勤　王之志業不淺旁以格別之　思食被爲在左之條件相立候
上は被處寛典徳川家名被立下慶喜死罪一等被宥之間水戸表へ退き謹
愼可罷在候事
第二箇條
城明渡尾張藩へ可相渡之事
第三箇條
軍艦銃砲引渡可申追而相當可差返事
第四箇條
城内住居之家臣共城外へ引退謹愼可罷在事
第五箇條
慶喜相助候者重罪たるに依て可被處嚴刑之處格別之寛典を以死一等
可被宥之間相當之處置致し可言上候
但萬石以上者以　朝裁御處置被爲在候事

右御沙汰一通於大廣間橋本柳原兩卿より田安中納言へ被相渡演說左之通

德川慶喜奉欺罔　天朝之末終に不可言之所業に至候段深惱　宸襟依之　御親征海陸諸道進軍之處悔悟謹愼無二念之趣被　聞食被爲垂皇愍之餘別紙之通被　仰下候條謹而御請可有之候就而は本月十一日を期限として各件處置可致樣御沙汰候事

右限日既に寬假之　御沙汰に候上は更に歎願哀訴等斷然不被　聞食恩威兩立確乎不拔之　叡慮に候速に拜膺不可有異論者也

右御達之趣謹而奉拜承候猶慶喜へ申聞御請可奉申上旨同人より奉拜答候事

四月四日

三　同上　德川慶喜遵奉請書　明治元年四月七日

一六日慶喜へ御達之趣申聞候處田安中納言より御請書差上る

此度慶喜儀寛大之
御處置被　仰渡候
勅諚之趣慶喜へ相達候處實以奉恐入謹而
天恩之忝を奉拜承感泣之外無他事來る十日水戸表へ
退去謹愼罷在候樣可仕候慶喜家臣共へも
勅旨相達逐件實行相立候樣處置可仕候不取敢此段御請奉申上候以上

田安中納言

慶頼判

四月七日

神奈川縣廳所藏各國往復書翰留朱書に云

但謹愼の者當人より請書を差出候儀相憚り
他人を以て申出候儀日本の通法に有之候

○各館書翰に此朱書あり

○神奈川書翰留朱書の押紙に云

佛は寺島陶藏太政官日誌持參にて談判有之候間如何申有之哉不分明に付慶喜。御寫而巳御手紙にて被差遣可然と存候
　°御處置の字脫するか

如此みえたれとも佛公使へは本文の通添削を加へ外各國同斷送致す

神奈川縣廳所藏各國往復書翰留二番の記中局外中立取消の部に本文書翰の草案を載せ辰五月三日達すと記して三の字を傍に朱を以て二の字を加へたれは二日に達したるは疑なし　按するに本月二十日米公使への書翰に局外中立の儀於兵庫表申進置候處德川慶喜降伏に付取戻の儀我第六號の書翰にて及御掛合候處文意行違の廉有之に付改して我五月二日附取替云々とあれは米館へは此書を以て前の第六號と交換せんとせしに事の顚末は本月廿二日米公使よりの回翰の條下に載する三橋作右衛門か申禀書に詳也于此云ふ文意行違は既に閏四月五日判事より武器販賣の事件に就き各國公使へ照會の書翰に於大坂表云々との文を難し彼より書通せし事あれは此時の書翰留兵庫表云々と書載すへかりしを最前の文例に拘泥し誤て又第六號の書翰に於大坂表云々と書載せ同月廿六日より同廿九日迄の間に各國公使館へ一應送達に及びしかとも文意の誤りに關情し五月二日則本文に載する無號の書翰を各館へ送り於大阪表云々との書載せし書翰と交換各國異論なく前に所送の書翰を返せし中に獨り米國公使のみ無號の書翰を收領の第六號の書翰を返さず因て同七日返却を促し遣りしに其書翰を裂弊返せしより往復は同廿二日米公使より返翰の條下に詳也前に六號の書翰を送りしは閏四月廿六日より同廿九日まての間なるべし其は米國往復書翰番號を推考ふるに廿六日に第五號を達し同廿九日第七號の書翰を達したれは其間なるは論を俟すと雖も今記錄するもの無く送致の日を詳にする所由なし

四　各國岡士より武器賣買に關し各其國民に布告濟報知の書翰　明治元年五月八日

以書狀啓上致し候先月五日附第四號御書翰に付方今觸書寫別紙差進申候此段可得御意如此御座候以上

辰五月八日

英吉利岡士
ラクラントフレッチエル

寺島陶藏
井關齋右衛門
貴下

辰五月八日
第五十二號

五　同布告書寫　明治元年閏四月五日

布告

條約第十四章に載たる日本政府之外國人へ之外は軍用武器賣渡禁止之事に付日本之長官より贈り越たる書翰之書拔を下に記し不列顚臣民へ布告す

千八百六十八年

第六月廿六日於金川

英コンシユル

ラツチラレフレツチユル

拔萃

千八百六十八年第五月廿六日

當地にて軍用武器賣渡之儀に付ては裁判所附士官附添候買人之外自身私に買入方に罷越候者は外國人方にて其名前相糺し且賣方不相成前に裁判所にて故障有無取調候樣致度候右に背き不法に武器賣渡候者有之節は拙者共嚴重申達不致候樣には難相成候間貴下無遲滯右之段貴國商人へ御通達有之候樣致度候謹言

寺島陶藏

井關齋右衛門

英コンシユルラチランフレツチユルエスクワイルセツルーフ譯

此原書神奈川縣知所藏戊辰各國往復書翰留一番の記中にあり

條約は各國に於て條約の違あり或は二條目或は三條或は十二條又は七八條國によりては稅則中に此事を約定したるもあれは一體ならす考證の爲に其概略を左に揭く○伊太利白耳義丁抹等條約書に武器販賣を載せす十月廿三日蘭人スネル吟味書中を對照すへし

亞米利加第三條の內
軍用の品は唯日本政府と外國人のみに賣得へし

同第十條の內
日本政府合衆國に於て軍艦蒸汽船鯨漁船大砲軍備の品諸種の兵器其他日本政府需要之諸品を買ひ或は作るを得へし日本政府學者海陸兩軍の人諸科の工人水手を其用に供する爲に合衆國より雇入るゝ事を得へし日本政府より買入るゝ諸品は合衆國より輸出する事を得日本政府に雇入たる人物は差支なく合衆國を離れ去るへし但合衆國新交の其國日本と戰爭の時に當て戰爭に付き輸出を禁する品物は輸出せす又海陸の軍務に從事する人は雇ふことなかるへし

荷蘭第二條の內
軍用の品は只日本政府にのみ之を賣渡すへし外國人に賣るは此定の外たる可し

峨羅斯第十二條の內
亞米利加に同し軍用の品は唯日本政府と外國人而已に賣得へし

英第十四條の內
日本政府及ひ外國人にのみ賣る事を得へき軍用物品を除き不列顚人日本人互にその所持の賣品を賣買し並にその價を償ひ又是を請取事に就て日本役人の立合なく自在に之を行ふへし

佛第八條の內
日本政府及ひ外國人にのみ賣るへき云々以下英に同し

葡萄牙第十四條の內
軍用品は日本政府及ひ外國人にのみ賣る事を得へし

瑞西交易規則第五則中
軍用品は日本政府及ひ外國人にのみ賣るへし

白耳義第八條
瑞西に同し(第四種元代に隨ひ五分の運上を收むへき品の內)兵器並軍用品

伊太利
武器のケ條なし(第四種元代に隨ひ五分の稅を收むへき品)兵器並軍用諸品類

西班牙第十四條の內
武器は日本政府幷外國人の外へは賣るへからす併總て他の品は日本役人立合なくして日本人に賣り或は日本人より買ふこと苦しからす

獨逸聯邦稅則第七則の末
軍用諸品は日本政府及ひ外國人にのみ賣るへし

澳地利稅則第八則の末
獨逸に同し

瑞典第八條
丁抹に同し末文云々の後軍事諸品は日本政府或は外國人にのみ賣拂ふへし

丁抹
條目の文瑞典に同し然れとも軍用諸品云々の文なし唯稅則の內下の文ある

のみ(第四種元代に隨ひ五分の運上を收むへき品兵器並軍用品)

此外閏四月五日判事より布達各國岡士の承諾の有無此書の外に各岡士の返書記錄する者なきは忽卒間にて騰寫脱せしにや唯五月廿六日の條に亞墨利加岡士の返書あるのみ

頃日夜中竊に海岸或は堀割川より銃類其外諸品を揚卸する者ありと注進す未た何者の所業なるを知らす兩野兩總の間に德川家の激徒脱走屯集暴行を働らき甲信の兩州に於ても其徒橫行奧羽の諸藩も穩ならす會津莊內兵威を張りて
王師に抗衡其半兵器を密商せは竟に不測の變あらんも計難しとて本月廿二日左の書を各國公使に達す

第二號

以手紙致啓上候然は海岸幷堀割川より銃類其外夜中竊に揚卸致し候者有之哉に相聞候間右樣之所業致し候者は無用捨取押其國岡士へ掛合にもおよひ候積然る處密商等致し候者は品に寄銃器等所持いたし居取押へ候ものへ手向候可致候も難計に付取締向猶又嚴重申渡置候に付萬一右樣之義有之候ては双方怪我等出來不容易儀に付心得違之者無之樣岡士へ御申達貴國商民へ布告有之候樣致度存候右之趣可得御意如斯御座候以上

辰閏四月廿二日

肥前侍從 花押

東久世中將 花押

亞米利加合衆國ミニストル

フアルケンボルク閣下

六　主上大阪より京都へ還幸の旨各國公使へ報

知の書翰　明治元年五月十三日

辰五月十三日

以手紙致啓達候然は我　皇帝徳川慶喜征服内外人民鎭撫之爲大坂迄出駕相成候處此節關東出張之總督より報告之趣有之徳川慶喜彌恭順降伏之實情相顯れ謝罪之道相立候に付則寛大仁恕之處置可致候就ては我　皇帝去る七日京師へ　還御相成候此旨不取敢報告爲可申入如斯御座候以上

閏四月　神奈川書翰留朱書如此日附無之

獨逸館所藏書翰日附を脫す

坊城侍從

宇和島少將

山階宮

蘭國公使　ホルスプロック閣下

英國公使　パークス閣下

伊國公使　コーントデラツツール閣下

佛國公使　レオンロセス閣下

米國公使　ハルケンバルク閣下
孛國公使、フォンフランド閣下

神奈川縣廳所藏各國往復書翰留一番之記に此草案を載せ五月十三日達濟と記せり猶朱書如本文

戊辰記簿第一號中此書翰閏四月九日と日附を加へたれとも現に施行の書翰に日付なきは前の書翰日附の下に云ふ如し實は閏四月十七日大隈八太郎横濱港へ持參を命し置しかとも
他事雜湊東下出船延引
還幸より數十日を過着濱大に時機後れしを以て驛次遞送道中川支にて遲延の形態に取計五月十三日各國公使へ送致すと同記中に記せり

七　蘭國公使新潟封港の書翰　明治元年五月十八日

辰五月十八日
第十一號
以手紙致啓達候然は新潟開港之事に付ゐは拙者出府中被御申越候趣も有之其節肥前侍從より第八號之書翰を以て御報申進置候儀之處同所近

傍之儀別紙尾州家ゟ屆書之通いまた戰爭中之儀にも有之且宇和島少將よりも別紙申越候間鎭定之處迄開港見合候に付貴國人同所へ渡來致候儀は堅く御差留申候右之趣兼而得御意置候以上

辰五月十八日

東久世中將

和蘭ポリチーキアケント兼コンシユルゼネラール

ドデガラーフフワンホルスホルック閣下

別紙

閏四月廿七日附

宇和島少將ゟ來翰之書拔

一新潟之儀來月十二日より開港各國公使より申立候由此事は本月三日應接にパークスより申立候故當節大隈ゟ返答處置可申筈之處以切迫申立候段不都合之至に候此儀は當局限り難決候故政府へ伺置候處い

また決答無御座候然最前より會賊等平定粗安心付候處迄御見合之談判と申處に相決候故何分其處に御粉骨被下度尤先日薩長兵隊敦賀より蒸艦にて新潟へ參り夫より會之巣窟進撃之筈に付薩船將本田孫右衛門と申ものへ一封相授置候主意は

新潟港之儀は兩賢兄東久世中將 肥前侍從より御談判相成候故各國公使々々より布告有之候得共若在港外國人も候はゝ當時戰爭之巷とも可相成甚不安心に付暫時退港いたし呉度旨可及談判事

右之通申渡候故自から著港之上處置申候程も難計先つ公法に所謂封港に御座候

八　戰爭屆書

別紙

越後表戰爭之趣弊藩先鋒千賀與八郎ゟ申越候次第其儘不取敢御達申

上候

一閏四月廿六日曉六ッ時過弊藩先鋒魚沼郡千手宿出立四ッ半頃諸隊眞人村へ到著卽刻筑麀川へ淵《本ノマヽ》本道へ弊藩斥候差出し夫々探索仕試に砲發仕候處賊勢ゟも發砲仕候に付直に高田勢と諜合山之手より弊藩人數大砲隊小銃隊を以本道より戰進猶又山之手よりも相進み夕七ッ時頃迄戰爭仕候處賊兵敗走雪峠陣屋燒拂迯去候に付味方平押池ヶ原迄進擊同所にて滯陣仕候事

一松本勢川向へ相進み松代勢は弊藩後陣に相備幷山之手よりも高田勢弊藩人數と合隊相進み發砲戰擊仕候事

一弊藩人數山之手へ相登り殆と苦戰本道と討狹賊兵敗走候事

右は今日迄報知之趣に御座候猶追々可申上候

五月朔日

尾張大納言輔翼
成瀬隼人正

同参謀　田宮如雲

此書局外中立に關係の事件ならねど末に外國船新潟密航の書を載せたれは參考の爲于此擧く
○蘭館所藏書翰寫を以て于此載す各館に此書あり

九　彰義隊一件に付各國公使へ報知書翰　明治元年五月廿日

辰五月二十日

第十二號
以手紙致啓上達候然は去る十五日江府戰爭之儀に付別紙之通江戸より申越候間寫差進申候早速可差進候處手廻兼遲々相成候右之趣得御意候以上

辰五月廿日　東久世中將花押

和蘭公使
トテガラーフフワンボルスブルク閣下

此書各國公使館にあり〇此に載する者は蘭館所藏書翰の寫なり

高札幷市中御觸之寫

過日以來脫走之輩上野山內其外處々屯集屢官兵を暗殺し或は官軍と僞り民財を掠奪し益兇暴を逞するの條實に國家之亂賊たり以來右樣之ものは見付次第速に可打取若萬一密々扶助いたし或は隱し置候者於有之は賊徒同罪たるへきもの也

五月

一〇 同上 誅伐の布告

明治元年五月

今般德川慶喜恭順之實効を表するにより祖宗之功勞被思食家名相續被　仰出城地祿高等之儀も追々御沙汰に相成末々之者に至る迄各其所を得さるもの無之樣致度との思食に被爲在候所豈圖んや旗下末々心得違之輩至仁之御趣意を拜戴し奉らさる而已ならす主人慶喜之素志に戾り謹愼中之身を以恣に脫走及

ひ處々屯集官軍に相抗し無辜民之財を掠奪し兇暴至らさる處なく萬民塗炭之苦に陥らんとす故に今般不得已之を誅伐せしむ素より其害を除き天下を泰山之安に置き億兆之民をして早々安堵之思ひをなさしめん爲なれは猥りに離散する事あるへからす篤と御趣意を體認し奉り末々の者に至る迄聊心得違無之屹度安堵いたし各生業を營み其分に安すへきもの也

五月

大總督府下參謀

一一　三日間海濱出船禁止の觸令　明治元年五月十四日

市中年寄呼寄御渡相成候寫

明十五日より三日間惣而海濱出船之儀被差止候事

五月十四日

一二　三日間宿驛人馬繼立禁止觸令

明十五日ゟ三日之間宿驛人馬繼立之儀一切被差止候事

五月十四日

大總督府下參謀

一三　老幼病者立退の下知　明治元年五月十四日

老人子供病身之もの最寄々々ニ今日中可立退候事

五月十四日

大總督府下參謀

一四　德川龜之助へ上野山內德川家宗廟所移歛の令旨　明治元年五月十四日

德川龜之助ニ

上野山內に有之祖先之靈位重器等今日中に取片付候樣
大總督宮　御沙汰に候事

五月十四日

一五　同人へ上野山內屯集の徒を誅伐せらるゝの令旨（明治元年五月）

德川龜之助に

過日以來旗本末々心得違之もの　朝廷寬大之　御趣意を不奉拜戴主人慶喜恭順之意に背き謹愼中之身を以て脫走に及ひ上野山內其外處々に屯集官軍を暗殺し民財掠奪益兇暴を逞し官軍に抗衡は實に不可赦之國賊也故に不被得止今般誅討被
仰出候此段爲心得可相達之旨
大總督宮　御沙汰候事

五月

一六　諸藩へ同斷の旨令旨　明治元年五月

諸藩へ御達し寫

上總下總上野下野駿河安房伊豆相摸武藏等之藩々ハ過日以來旗本末々心得違之者　朝廷寛仁之御趣意を不奉拜戴主人慶喜恭順之意に戻り謹愼中之身を以て脫走に及ひ上野山內其外處々屯集官兵を暗殺し民財掠奪益兇暴を逞し以て官軍に抗衡す實に不可赦之國賊也故に不被爲得止誅伐被仰出候依之領內取締向は勿論嚴に兵備を整へ賊徒落行候者有之節は速に可打取萬一不都合之儀於有之は屹度　御沙汰も可被爲及候間近傍之諸藩申合精々不行屆無之樣盡力可有之旨

大總督宮　御沙汰候事

五月十四日

一七　古河藩へ脱走の徒あらは可誅伐旨の令旨 明治元年五月

古河藩
江城日誌作土井大炊頭

過日以來旗本末々心得違之もの
朝廷寛仁之御趣意を不奉拜戴主人慶喜恭順之意に戻り謹慎中之身を以て脱走に及ひ上野山内其外所々に屯集官兵を暗殺し民財掠奪益兇暴を逞し以て官軍に抗衡す實に不可赦之國賊也故に不被爲得止誅伐被　仰出候依之軍監并肥前兵隊を被差遣候間萬事申合領内取締向は勿論嚴に軍備を整へ賊徒落行候者有之節は速に可打取萬一不都合之儀於有之は屹度　御沙汰可被及候間精々不行屆無之樣盡力可有之旨
大總督宮　御沙汰候事

五月

一八　忍藩へ同斷の旨令旨 明治元年五月

前同文書軍監幷藝州兵隊

忍　ゟ

一九　川越藩へ同斷の旨令旨

明治元年五月

前同文言軍監幷筑前兵隊

川越ゟ

二〇　各藩兵への御沙汰書

明治元年五月

各藩之兵隊ゟ御沙汰之寫

旗本末々脱走之輩上野山内其外所々屯集官軍之兵士を暗殺し無辜之民財を掠奪し益兇暴を逞し官軍に抗衡す實に大罪不可赦之大賊也最早朝廷寛仁之道も絶果斷然誅伐被　仰出候に付ゐは勇鬪激戰奮ゐ國賊を鏖殺し億兆蒼生之塗炭を救ひ速に平定之功を奏し可奉安　宸襟旨　御沙汰

に候事

五月

二一　局外中立廢止の文意に付米國公使へ書翰 明治元年五月二十二日

辰五月廿日

第十二號
以手紙致啓達候然は我國內不穩に付貴國臣民局外中立之儀兵庫表おいて申進置候處德川慶喜降伏に付取戻之儀我第六號之書翰にて及御掛合候處文意行違之廉有之に付改而我五月二日附を以て取替最前之第六號は御差戻相成候樣士官を以得御意候處去る七日御引裂之上御返却有之右は此方にゐは不禮之御振舞と存候處貴國にゐ手紙差返候節右樣被致候儀之取計有之候哉其趣意早々御報に御申越可有之候此段得御意候以上

五月廿日

東久世中將

米公使閣下

二白 肥前侍從儀は出府中に付除名いたし候以上

二二 米國公使より同上に關する返翰 明治元年五月二十二日

辰五月二十二日

日本當月廿日附之貴翰致披見候然は閣下下吏之申事のみを御信用無之事實篤と御取調相成候箇様に難解貴翰御遣には相成申間敷拙者最前貴翰御返却致候事御謝辭可有之儀と存候右御報如此御座候以上

合衆國ミニストル

アルビーハンハルケンボルフ

一千八百六十八年

第七月十一日横濱

外國事務總督

東久世中將

肥前侍從

閣下

神奈川縣廳所藏各國往復書翰留二番の記中此書翰に譯文ありて左の朱書を加ふ

書面米國公使より返答の趣不分明に付最前引合掛を以て申込候趣書取に致し右相添入御覽申候

書取

米國公使へ御達相成候第六號之御書翰御取戻之儀彼方に被仰込候處右御書翰引裂候上返上致候に付右は何故之儀に候哉彼方へ引合可相糺旨山田億次郎より申談に付私罷越何等之故を以引裂候事哉御兩所御花押も有之御書翰之儀御國人同士に候得は甚不敬之振舞に有之委細之趣意承度旨及引合候處右は別段所存有之候而之事には決而無之米國之法として一旦御遣相成候御書翰は返上致し難く候得共再應士官を以御申越之趣も有之候に付厚意を以返上致候儀に有之夫故引裂反古に致し全く廢物に取計候儀之旨申聞候に付其段億次郎へ申立候儀に御座候

引合掛

定役並

辰五月　　　　三橋作右衛門

前の書翰の文意難解に依り最初より此事に關與する定役並三橋作右衛門に其顚末を審問す因て作右衛門左の書を進出して問條に答ふ

此の結末再ひ督問なかりしにや以後書翰の往復なし恐らくは應接に事濟しか今本省中筆記する者なけれは詳にするに所由なし

二三　英國公使更に局外中立布告の書　明治元年五月廿四日

辰五月廿四日

布告

頃ろ天皇陛下と日本領内にある交戰者の間に將に爭釁を啓かんとする折柄なれは此戰爭に就て嚴に局外中立を可相守旨を飭令するため昨五月十四日ウインドソル公廨に於て集會の上議完したる別紙我國皇帝陛下の布令を我國人民心得のため普く告知せんかため拙者茲に此を梓行播布す

右の如く更に布令あるに付ては拙者より日本皇帝陛下と大君と交兵の布

告ありしを以て昨二月十八日兵庫に於て達し置たる布告は本日より施行

相止め候事

紀元千八百六十八年第七月十三日於横濱證寫す

日本在住英國皇帝陛下特命全權公使

ハルリーヱスパークス手記

千八百六十八年五月十四日ウインドソル公廨會議の席に我皇帝陛下出

御

一我皇帝陛下管轄外の諸國及他處に在て我皇帝陛下其權威管轄の權を

施し而して此權理執行の實效を更に顯さん事を確定するため我皇帝

陛下即位第六號七年之集會にて議院律例第九十四篇に議定したり

一此律例中に又我皇帝陛下の讓受けたるか或は征服したる土地に於て

其權威且管轄の權を執行する如く制外の諸國且他處內に在ても我皇

帝陛下の現有する且爾後有すへき權威且管轄の權を都て廣く施行し又之を受るは我皇帝陛下に於て正に條理なるは必然たる事を議定したり

一我皇帝陛下は日本との締約に依り其國領内に在て我國の風習を用ひ及許容其他公平の取扱ひ權威管轄等の權を施す事を得たり

一我皇帝陛下は廟堂の建言或は其の議令に基き前顯の權威且管轄の權を施行するため其條欵を設立したり且又我國人民の日本領内にある者をして平和穩順且善政を守らしむるため法例章程を定め且嚴く此法例を守らしめんため裁判所設置の方法も定め置たり

一日本天皇陛下と其領内にある交戰者の間に爭端を啓き既已に交兵戰闘の勢に臻りたり然れとも日本政府は我國と親睦なる事なれは廟堂の議謨に據り我國人民の其國にある者をして平和靜穩且善政を施さしめんかため右戰爭中は其國に在て嚴しく局外中立を守らしめ以て

親和を表するは當然たるに因て玆に我皇帝陛下左に列陳する規則條令を設立したり廟議に據り今般更に我皇帝陛下より左の布令あり玆に陳べて以て諭告す

一右戰爭中我國人民は我皇帝陛下の免許を得すして（此戰爭に關渉すへき者は各其免許を出し證明すべき事）猥りに天皇陛下或は他の交戰の黨與に傭はれ右戰鬪に相加はる者又右交戰者の彼此を論せす爲に軍裝齊備したる船を渡し或は又如此軍裝齊備したる船を右交戰者一方の海軍或は陸軍の用に借入するため相渡し夫にて他の交戰者に敵對せしむへく輔助等を致す者は輕罪に歸するを以て其罰として各二ケ年以上に越へさる入牢其上懲役を加へ或は懲役なし或は又五千元に越へさる科料を加へ又科料なし或は入牢なしに只洋銀五千元に越へさる科料を取立つへき事を裁判所にて審問の上其裁判に因りて可申付事

我國皇帝陛下の大臣ロルトスタンリー特に右の條々施行のため別に

指令を附す

アルソルヘルブ記名

此書は辛未の秋英國公使館にてエルネストサトウより贈り與へし横文を今般本省に於て頴川永太郎之を飜譯し子安少丞宗峻校正する所の譯文なり

二四　米國岡士より中立布告報知書翰　明治元年五月廿六日

辰五月二十六日

在神奈川合衆國コンシュル館一千八百六十八年第七月十五日

第百七十八號

去る六月十六日我閏四月廿七日附第十六號十五號歟之貴翰慥に落手致し候然は條約濟各國目代等兵庫に於て致布告候中立不倚之事を茲に再ひ申上候答亞米利加人にて右法を叛き候もの有之候得は急度國法に基き嚴罪に處可申候

第十八號之貴書をも致落手候謹言生糸種紙手附金差止之儀に付書翰

合衆國コンシュル

日本裁判所判事

寺島陶藏殿

井關齋右衞門殿

シユリーースストール

此原書は神奈川縣廳所藏戊辰各國往復書翰留一番之記中目録十八條目武器賣渡候節は其都度裁判所留届出候樣各國岡士往答書翰の條下にあり閏四月五日第七號の書翰を遣り銃砲玉藥賣買は裁判所の吏差添ふ外は漫りに賣買する事なからしむる旨を布達に及びしを始にて同廿一日彼より第百五十八號の書翰を以て大阪に於て云々は未だ聞く所なければ公使へ書を贈り其約定案承知の上報知すへしと返答し來り同二十三日又彼より第七號貴翰云々との書翰を來す因て同廿七日大阪に於て云々は筆者の誤なる由を謝す至于此書翰を來せしなり

二五　徳川龜之助封地御沙汰等を各國公使へ報知書翰　明治元年五月廿八日

辰五月二十六日

以手紙致啓達候然は今般徳川龜之助其外へ別紙之通

皇帝陛下より被

仰出候間寫一通差進右之趣得御意候以上

辰五月廿六日

東久世中將

各國公使閣下

神奈川縣廳所藏戊辰各國往復書翰留一番の記中此書を載左の朱書を加ふ
英第十三號　米第十三號　佛第同斷
孛第十九號　蘭第十三號　伊第同斷

二六　徳川龜之助への御沙汰書

明治元年五月

徳川龜之助

駿河國府之城主に被
仰付領知高七十萬石下賜候旨被
仰出候事
但駿河國一圓其餘は遠江陸奥兩國に於而下賜候事

二七　一橋茂榮へ御沙汰書　明治元年五月

一橋大納言

自今藩屛之列に被加候旨被
仰出候事

二八　田安慶賴へ御沙汰書　明治元年五月

田安中納言

同斷

二九　舊幕府高家へ御沙汰書　明治元年五月

高家へ達寫

高家之輩自今

朝臣に被
仰出候事

三〇　德川龜之助へ御禮上京の御沙汰書　明治元年五月

今般家名相續被
仰出候に付爲御禮上京可致候事

德川龜之助

三一　田安慶賴へ右同斷御沙汰書　明治元年五月

今般藩屛之列に被加候に付爲御禮上京可致候事

田安中納言

三二　一橋茂榮へ右同斷御沙汰書　明治元年五月

一橋大納言

同斷

三三　舊幕府高家へ右同斷御沙汰書　明治元年五月

高家之輩今般

朝臣に被

仰付候に付爲御禮上京可致候事

三四　德川家の臣屬自今官位廢止の御沙汰書　明治元年五月

德川家來之輩官位之儀自今被止候事

三五　米公使より右御沙汰書を德川家にて遵奉せしや問合の書翰　明治元年六月二日

辰六月二日

御手紙致披見候然は
皇帝陛下より德川氏に御達之趣致承知候且右御達之趣御請申上候哉御知せ被下候得は難有奉存候右爲御報得御意候以上

合衆國ミニストルレシテント

一千八百六十八年第七月廿一日 アルピーハンハルケンブルグ

外國事務總督

東久世中將閣下

三六 右返翰 明治元年六月十一日

辰六月十一日

第七月廿一日附御報之御手紙致披見候然は我
皇帝陛下より德川龜之助へ城地領知高之儀に付

勅諚之趣龜之助御請いたし候哉否之儀申進候樣來示之趣致承知右は龜之助において奉命致し候事に候此段御報得御意候以上

辰六月十一日

東久世中將

米公使閣下

三七 新潟港は目下戰地なる旨各國公使へ布達の書翰 明治元年七月才七日

辰七月十八日

以手紙致啓達候然は三條右大將ゟ別紙之通申來候間寫差進申候委細之事情は書面にて御承知其臣民へ御布告有之度且新潟表之儀は專戰爭中に付鎮定迄之間開港難相成筈先頃中云々《本ノマヽ》申進置處竊に彼地へ罷越候外國船も有之候趣に付以後右體之儀決て無之樣差留方急度御布告相成候樣致度存候右之段得御意候以上

七月十七日　　　　　　　　東久世中將

各國公使

三八　三條實美書翰　明治元年七月十六日

三條右大將書翰之寫

陸奥出羽越後國海岸へ外國船竊に罷越內々貿易致し候趣彼地より追々申越然る處不開港場へ外國船猥りに罷越候儀不相成段は各國おいても相心得罷在候儀之處右體之所業致候而は條約面に觸候而已ならす右三州は戰爭之地にて海陸とも官軍進擊致し夫々御征討有之候場所に付萬一暴激之次第有之間敷とも難申候間各國公使へ右之趣急度申談之上嚴重差留候樣急速御達方可然御取計可有之候依之此段申入候也

七月十六日

三條右大將

東久世中將殿

三九　神奈川府判事より右同斷の旨葡・白岡士へ通牒　明治元年七月十八日

辰七月十八日

以手紙致啓達候然は三條右大將より別紙之通申來候間寫差進申候委細之事情は書面にᥱ御承知其臣民へ御布告有之度且新潟表之儀は專ら戰爭中に付鎭定までの間開港難相成筈之處竊に彼地へ罷越候外國船も有之候趣に付以後右體之儀決ᥱ無之樣差留方急度御布告相成候樣致度存候右之段得御意候以上

七月十七日

寺島陶藏

葡白岡士ゼ子ラール貴下

別紙

右同斷

四〇　神奈川府判事より瑞丁岡士へ通牒　明治元年七月十七日

右同文言之内
いたし度存候之下右總督之命に依て

寺島陶藏

瑞丁岡士セ子ラール

貴下

別紙

右同斷

○金川府日誌別集を抄録し左に載せて參考に備ふ

○新潟官軍艦より到來せし書狀の寫

新潟英艦二艘碇泊
一艘名　大阪
一艘名　委しく不存
此分は廿五日暮前新潟著
船印

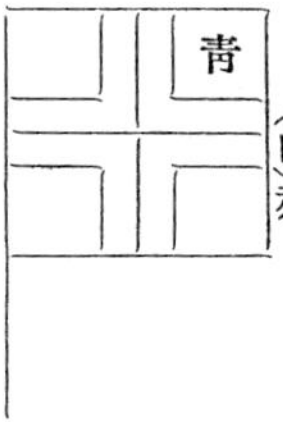

應接の次第

廿五日夜八時頃攝津丸丁卯丸とも新潟に罷越攝津丸より柳川人笠間栖雄薩人通辨を善すろ人一人今日暮方著の船に罷越應接す

問曰何處より來り又何の用事ありて此處に來ろや

彼答曰今月六日頃長崎出帆兵隊五百人はかり其外器械等載せ秋田迄罷越夫より何か用事有之只今當港に罷越候當港へ罷越候次第は全く水に盡き且新港近況不相分事故旁立寄申候

兩人問曰左樣の儀に候はゝ承知なり當港は戰地の事故何時砲擊可致も難計今晩にても戰爭に可相成候間早々立去り可申萬一其方共に怪我等致させ候ては不宜事に付何分にも早速立去申すへし

彼曰御懇の御言難有候早速出帆可仕候併し水拂底の事に付汲取次第出帆可仕候

兩人曰其段今一艘にも可申傳事
彼曰諸

右次第に付廿五日夜半頃新潟出帆松ケ崎に歸る
廿六日朝より晝に到りいまた二艘とも出帆不仕に付兩艦攝津丁卯新潟に罷越丁卯丸昨日來り候船の近邊に行候處彼頻りに來れと呼ふに付河野又十郎原顯齋彼船に罷越候處
彼曰中段に役人あり其人用事ありと云ふ
兩人曰諾直に中段に下り右役人に面會候處
彼者曰何の用事ありてや此船に來るや
兩人曰さきによひたる人をさし此人我を呼ぶに因て來たる
彼曰此處にて戰爭を始むるや
兩人曰只今より砲擊するに付直に當港出帆すべし
彼曰直に出帆する譯には不相成此度は「フロイセン」ヲランダ「スイーツル」三國コンシユルの命を受け罷越候事にて其上一萬ドル位の荷物も陸に揚け置人も七八人揚陸いたし居候事ゆへ是非々々直に出帆は出來不申候
兩人曰是非出帆いたすへし
彼曰出帆不相成
右談判中言語不通
朝廷より被
仰出候次第等兩人より申聞候得共一切聞入不申既に喧嘩と相成るべく處會人か又は庄內人か不相分五六人突然劍を提け出きたり兩人に向て曰御手前長州人と被申候處眞乎
兩人曰然り
五六人變色已に斬かゝらんとするを外國人等引留奥に押込それより外國人も言葉を和らげ色々謝し候樣相見候に付
兩人曰其方と議論致し候而も始終言語不通して意味猶更不通樣相成候に付後

程通辯を善する人を遣し可申と言置直に攝津丸に行き委細の始末談合す

同時攝津艦より兩三人大阪と申船にまいり

朝廷より被仰出候次第申聞既に今晩中砲撃にも可相成に付早々可差立と申談候處其儀に付書物一通呉れ候へと申に付直樣書面差遣し候處直に承知いたし出帆可致由返答す

攝津艦より昨日著の船に兩三人又參り候處

彼曰先刻長州船よりきたり候人に對し甚失禮の事はいくへも御免可被下候併し長州人も無禮を申候尤言語不通より也

攝津艦よりまいり候人曰何故是非出帆不相成と申哉

彼曰荷物人等揚陸に付直に出帆すと申す譯には不相成と申候何卒明日迄待呉べし併此處は

朝廷より條約外の國と存候通商いたし候ても不苦べし

兩三人曰條約外の國と申譯は無之決て先頃外國事務局より御達も有之べし

彼曰一切存不申

兩三人種々意味を分ち申きかせ候へとも十分に分り兼候樣に付

兩三人曰明日迄待呉候樣と申事條約外の國と申事此二ヶ條に付ては重役の人も有之候事故後程攝津艦迄きたり呉候樣申置歸り申候

攝津艦にて評決

右次第に付明日何時迄と刻限を定めそれ迄荷物人等船に引取らす節はその儘にて砲撃に及ぶべし

「コンシユル」と申人も自分には「コンシユル」と申さす只「ミニストル」より「コンシユル」の用事を務むる樣申付候と申居候新潟市中に旗を上け居候樣相見申候

是より同く松ヶ崎にて庄内中老石原倉右衞門と申者討取候節所持の書物にて分る

當正月より會津へまいり居候フロイセン人當時平松武兵衞と申者弟「スネル」と申者よほど戰のため外國の事周旋いたし候由

兩三日中出帆の英船ニ託し奥羽越列藩申合せ佛は除き會
米庄一萬兩つゝ跡四萬兩は本間立替候而鋳造船買入候事

此事は柴田人よりもきく柴田よりも二萬兩差出せと米會なと申付候に付不得
止一萬兩丈け差出す約定にて已に新潟迄持來米會等ニ相渡す覺悟の處官軍松
ヶ崎揚陸に付柴田ニ取歸候由
書面のマヽ

江戸碇泊の故幕の軍艦一艘なり二艘なり當國へ廻し方の儀明朝出帆の英船ニ
雑賀孫六郎（此者榎本泉州の知己）乗船せひ〳〵盡力の積り付而は加賀守（船名）急に入手度
加賀守軍艦と奇健丸交易し當節は御爲可然哉スネルも大に見込有之と手早に
加賀守へのり組明日にも御國（庄内）ニ罷越談判いたし可然との見込も有之候右
の外器械等買入夥しき事にて大に商會は開き居候樣相見
申候奥羽賊徒等も商議館と號し大家築造の由に御座候

七月廿七日夜七ツ半時認

四一　德川龜之助より各國公使へ送達書牘の件（明治元年八月四日）

辰八月四日

德川龜之助より各國公使へ以來外國交際之事件は一切關係不致旨之書翰達方之事に付御申越之趣承知重役出港いたし候には不及別紙六通差進候間龜之助花押致し差出候樣御談可被成候糊封達方は此方にて取計可申候

此段御報旁申進候

八月四日

神奈川府判事

鎭將府

辨事御中

四二　米國公使より同國船は中立を固守し新潟港へ回漕せさる旨の返翰

明治元年八月五日

昨日之尊翰落手致披見候然は米國船に於ては一艘にても越後陸奥幷出羽之國へ航行致候儀承り不申候且當今之戰爭中は米國中立不偏之法を相守り可申旨御開相成候港に滯在之米國領事官へ拙者より布令致置候新潟は未た御開港不相成儀は基より承知致居候處にして方今御開港之儀は拙者

辰八月五日

欲せさる處に御座候以上

千八百六十八年
第九月五日
日本在留合衆國ミニストルレシデント
アルビファンファルケンボルク
東久世中將閣下

此原書は神奈川縣廳所藏戊辰各國往復書翰留二番之記第一條新潟封港の部中にあり局外中立一件往復之書翰なられど合衆國公使より中立不偏を其國民に布告せし一證なるを以て姑く此記に載せて參考に備ふ
此書翰の復翰にやる本文中中立不偏の文あるを以て抄錄して載此記參考に備ふ

四三　右鎭將府よりの再翰　明治元年八月八日

辰八月八日
（卷表）加奈川府　鎭將府
判事御中　辨事

德川龜之助ゟ各國公使江之書翰六通差送り候間可然御取扱御座候樣存候人名草稿と少々相違之處は不苦旨東久世殿被仰聞候此段爲可得御意如斯

御座候也

八月八日

龜之助より各國公使への書翰各通を附したり其書は十一日の條に載せたれは此に略す

四四　孛國公使より中立不偏を固守の來翰 明治元年八月九日

辰八月九日

以手紙致啓上候然は國中戰闘之事あるに當つて船艦等挑戰之双方何れへも中立不偏なるへき條理を施行被成度日本政府之御趣意致承知候各國共其船艦等萬國公法に因り局外中立之公理を保守致候はゝ大に日本政府之裨益も可有之存候又日本政府に對し右中立之條理踐行之儀は急度難事を避へき一術にして然らされは無據困難之事件差起り可申儀と存候以上

千八百六十八年

第九月廿四日

孛漏生チャルジダヱッフヱールス

ヱムフヲンプランドー

外國事務總督
東久世中將閣下

神奈川縣廳所藏戊辰各國往復書翰留二番之記中目錄第一條新潟封港一件の部に此書を載せ左の朱書を加へたり

書面の趣は新潟港へ外國船罷越候儀御差留御書翰之返翰にも可有之と奉存候

四五　佛國公使より新潟回船禁止に就ての書翰 明治元年八月九日

辰八月九日

於横濱千八百六十八年九月廿四日 我八月九日

東久世中將閣下に呈す

此程御門政府より日本北部にある海港ハ軍艦を差向られ其最寄へ來るへき外國の商船を差留め時宜によりては之に發砲およふへしとの命を傳へられし由專風說あり依て公使館之第一等通辯官を以て當所之官員ハ詰上質問及ひし處風說之趣相違なしとの答を得たり若此事條約中開かさる港

ハ外國人之赴くことを差留るケ條違背する者を差拒はまるゝ譯なきは之かため條約中別段之ケ條掲載しあれば只余より一事中立ることあり卽ち右樣之處置は唯日本之一部のみに限らす全國一體之事にかけ施用せらるゝ樣取極めあらんを是望ましきことなり何れにも政府之官員等其所業におゐて自分守るへき分限之外に出へからさるへしとの旨を以て右之通命令を受けられしことならんと余におゐても更に疑を容れさるなり乍然是迄閣下より余に申入られし各種の報告により萬一余か考る如く政府におゐて尙引續き戰爭をなし兩國獨立之勢を全ふせらるゝにおゐては事之情實大ひに同しからさるものあり

佛國政府局外中立之國たる職掌を守る上は日本政府おゐても右同樣謹而萬國公法及ひ萬民公理中に定むる法律を守るは己か職掌を兼る心得あらんこと余聊か疑を交へす就而は後日に至り憂歎すへき難事を引起さる樣錯誤行違なきことを計り閣下此緊要事件に付深々熟慮著意あらんこと要

用なり爰に恭敬之意を表す

マキス、ウートレー

四六　徳川龜之助より各國公使へ贈翰の添附書明治元年八月十一日

辰八月十一日

以手紙致啓上候然は徳川龜之助より別封書翰壹通東京より相廻候間則差進申候公使閣下ゟ御差出可被下候右之段可得御意如斯御座候以上

辰八月十一日原本日附を脱す蘭館所藏書翰十一日とあり因て補之　井關齋右衛門花押

寺島陶藏花押

各國公使館

書記官御中

四七　徳川龜之助より各國公使へ自今外交に關與

せさる旨の書翰　明治元年八月十一日

辰八月十一日

以書翰申入候我家已に政權を
朝廷へ奉還し七拾萬石を賜り被命諸侯之列候從
朝廷御布告に相成候通以來外國交際之儀於
朝廷御取扱に相成於我家之一切關係無之候此段爲御承知申入候拜具

八月八日　　徳川龜之助　花押

ドデガラーフ・ファンボルスブルーク閣下

此書蘭公使館所藏の寫を以て于此掲く各國公使館に藏する所何れも同文言唯宛名の異なるのみ料紙鳥ノ子半切也

○戊辰中立評議存意書の內七月の條下木戸薩藩士（とのみありて姓名を記さす）建言徳川家へ　御沙汰有之度云々个條書

舊幕へ左之通速に御達有之度事

舊幕已に政權を　朝廷へ奉歸し七十萬石にて諸侯列と相成候故已に　朝廷より御布告相成候通以來各　朝廷を日本政府と承知致すべしとの旨海外の各國へ布告すへし

右一事實に內外に關するの一大要件にして當路の人深く意を注かすんはあ
る可らさる也是第一米魯等之如き挾疑の諸國をして舊政府と之結を絕しめ
而我深　慮する所の魯狼等をして遂に欲する所を得さらしむへし而於此日本
政府は　朝廷之外更に無他之義分明に相立海外欲通勸之各國をして擧て
朝廷へ輻湊せさるを得さらしむへし然時は外寇之大患鍾を去る可し而又抱
異志之殘黨をもして大に力を落さしむへし抑外國交際は交に使節を送來し
て確乎たる結約無之候へは假令一方より何程政權を以て通親を布告すとも
之を肯否するは彼の如意に有之候へは其詮更に無之乃ち當時我國と米魯等
の諸國との交際を以知るに足るへし故に彼等をして早く舊政府と結を絕し
むるの要是也自今海外に於て一國兩立互に政權を爭ふ例少からす故に今
朝廷何程王政復古之儀を御布告相成候共彼等不信の理あり固より彼等未た
我の情實に暗く今般政權復古すといへとも是實は薩長の私心より出る抔と
之浮說を相信し加之米人等の信する所舊幕は開港を欲すれとも諸侯は却て
鎖港の意ありと故に諸侯權を棄る時は貿易の利を失せん事を恐察し大に
朝廷と通親を欲せす雖然若し今舊政府より別紙を布告
すれは彼等終に　朝廷を日本政府と承知せさるを得す

辰七月

建白中別紙と見えしは本文に所載の德川龜之助より各國公使への報告書翰案
也

四八　蘭國公使館員より德川龜之助の書翰領收の通知書 明治元年八月十二日

辰八月十二日

第三百八十五號之内百五十九號
八月十一日附之尊翰を以て御贈り被下候德川龜之助よりゝ書翰証書和蘭
國王殿下之ミニストルレシデント代として拙者難有落手仕候以上
在日本和蘭公使館附書記官
ケレンチイ
千八百六十八年
第九月廿七日
金川判事
寺島陶藏殿
井關齋右衛門殿
此收領書蘭國の外各國の收領書留なり

四九　佛國公使より過日來書の返翰　明治元年八月十三日

辰八月十三日

第九月廿四日附御手紙致披見候然は我政府より北部之海港に軍艦を向け其近海に來るへき外國船之差留を爲すとの事に付縷々來示之趣承知いたし候右は北越新潟には未た外國船罷越候而は必不都合に候間番船に備置候儀にて猥に暴發等之儀は不致事に候右之段御報旁可得御意如斯御座候以上

八月十三日　東久世中將

佛國全權公使

マキスウートレイ閣下

本月九日來翰返翰也

五〇　德川家脫艦一件の通達　明治元年八月廿五日

辰八月二十五日

別紙之通御達申入候間外國人へ夫々御達可有之候事

八月廿五日

鎭將府辨事

神奈川府判事

御中

脫艦一件書類を附し來れとも其書は二十九日各國公使へ報告の書翰を附し載せたれは于此略す

五一　脫艦一件を各國公使へ達し各其本國へ報告依賴の書翰

明治元年八月廿九日

辰八月二十九日

以手紙致啓上候然は別紙之通鎭將府より被相達候間委細は右書面にて御承知可被下且御本國政府へも急速御申立相成候樣いたし度存候右之趣可得御意如斯御座候以上

辰八月廿九日

東久世中將 花押

和蘭公使

ドデガラーフフアンポルスブルック閣下

五二 脫艦開港場へ入港の際處置方指令書 明治元年八月廿五日

別紙

品川沖碇泊有之候德川龜之助所持之軍艦幷蒸氣運送船共都合八艘乘組榎
本釜次郎以下去る十九日夜品川脫走に及ひ候旨別紙之通龜之助重役共ゟ
屆出候元來右船之儀始終品川に碇泊有之舊主慶喜謹愼之意を體し猥りに
揚碇致間敷旨龜之助重役共ゟ兼而屹度御請申上候末忽然脫走に及ひ剩奉
對
天朝悖慢不敬之書面等殘置候儀全反抗之所業に而勿論主命を不受して無
故脫走致し候は畢竟海賊之所業を働候は必然に付別紙之通龜之助重役へ

御沙汰被
仰付候間右之趣各國公使へ其官より通達致し萬一開港場へ襲來外國人へ對し不法之擧動有之に於ては時機に對し如何樣之所置致し候ても不苦若又渡來等致し候はゝ各國政府に於て嚴重拒絶相成兩國政府條約交際之
御趣意混雜無之樣取計可致旨被　仰出候事

八月廿五日

五三　脱艦々名書　明治元年八月

脱走艦名

開陽

回天

蟠龍

千代田形

長鯨丸
美賀保丸
神速丸
咸臨丸

五四　徳川家より脱艦届書　明治元年八月廿一日

八月廿一日徳川ゟ届書

品川沖碇泊罷在候當家軍艦幷蒸氣運送船共去る十九日夜何方へか立去申候右は私共に於て進退相達候儀には無之候間早々行先探索仕相分り次第追々申上候樣可仕候且軍艦頭榎本釜次郎勝安房其外へ宛差越候書面之趣にては却て悖慢不敬之至殊に名分相辨不罷在次第畢竟私共不行屆ゟ右樣立至候段甚以奉恐入候儀に付猶取調可申上と奉存候得共先此段不取敢御屆申上候以上

八月廿一日

五五　徳川家重臣へ脱艦一件に付達書　明治元年八月

徳川龜之助

重役

品川碇泊之軍艦蒸氣運送船共去る十九日夜致脱走候趣幷右船乗組榎本釜次郎殘書差出候處全奉對朝廷悖慢不敬名分不相辨慶喜謹愼之意に戻り妄動潜亂之所業に及候段其方共不行屆より右樣立至候儀深く奉恐入候趣は聞屆候得共右脱走之者擧動之顚末に依りては徳川家大事にも致關係候儀に付差向鎭撫之道如何樣相立候心得に有之候哉屹度可申上旨被仰出候事

尚以右船乗組一手之者兼而築地元藝州邸在留右脱走之節居殘候者嚴重

取調始末糺問之上可申出候

辰八月

前に所載の德川家よりの屆書各國公使館所藏僉屆者の名を脫す今鎭將府日誌を考ふるに屆書の末に駿河藩平岡丹波淺野次郞八織田和泉勝安房山岡鐵太郞と記せり

○蘭館所藏書の寫を以于此揭く此書各館にあり

五六　蘭人スネルと叛賊武器賣買約定對決一件書類 明治元年十月廿三日

辰十月二十三日

日本政府より拙者へ對して被差出候訴訟之事に付回答可致旨閣下之命により拙者左之趣申述候

今日本政府之手にある約定書之儀は拙者其約定之趣相果し不申其約書中に記載せし手附金之儀決而請取不申候右約定書を遂さる趣は扨置拙者北部之兩三侯とも約定取結候儀御座候然れとも拙者に於て不法之義とは存し不申候拙者去る第七月廿四日橫濱發船之頃新潟開港相成候儀孛漏生幷

意太利亞公使より公然布告有之英國臣民之外は彼地に赴候事を被禁候はヽ壹人も無之其頃新潟之政府は公然政府之處置をなし拙者新潟に到着せし頃は拙者幷に彼地にある外國人之爲には右北部官員之處置は其地政府之處置に有之事は紛れ無之候尤拙者荷物之儀は税則に基き右政府へ運上相納然る上彼地之諸侯幷都而商人へ賣渡之儀被免候且當地大商より賣捌之ため拙者へ送り越候荷物中にも武器有之候且拙者能存居候通

天皇陛下之政府に而横濱長崎に而日々武器幷船舶の如き品々夥しく被取扱候も北部政府にて取扱候も同樣之理なるよし彼地の鎭臺拙者に被申聞候間拙者之荷物幷拙者へ托し候荷物賣渡し其上猶品物相渡し候約定いたし候儀に御座候右之譯を以右之訴訟之謂れなき事と云ふへきのみならす不法之儀と奉存候右申述候通新潟にて拙者を支配する人無之候得共其地政府之法律に聽從せさるを得す又其地に滯在せし船無之故横濱へ發港いたし兼候儀に御座候拙者荷物を我組合孛漏生ハリリームル社中に托し置

候處新潟を取られ候節右拙者之荷物は勿論其外とも奪掠致され候而已ならす拙者辛ふして保命致し候次第に付拙者之金子并他人の有に屬する金子都合凡貳萬兩程も無餘儀殘し置申候日本政府右暴行を許され候得は既に其政府之處置相濟候事に奉存候且又既に新潟にて營みの商業之事は都而政府之關係に無之且斷然出來難き儀と奉存候橫濱并長崎之大商新潟而已ならす西北之海岸に北部之諸侯にて開きし港におゐて諸種之荷物を北部之諸侯に賣り渡したる筈之處和蘭之配下に屬するもの而已に對し日本政府に而論せられ候樣奉存候拙者之荷物を殊に多く商賣致候は米澤侯に御座候政府免許之上拙者取扱ひ同侯之荷物を新潟に送り拙者之武器を賣渡候事に御座候右御望にも有之候得は孛漏生公使并にアル、リンドウ氏を其證人に相立可申候

日本政府にて拙者之新潟に罷在候儀承知相成其地にて商賣すへき理無之義と被思食候得は阿蘭コンシユルの手を經て御掛合可有之筈と奉存候拙

者之荷物幷金子而已ならす拙者託せられ候荷物金子共政府之兵卒にて奪掠し拙者唯命計りを助り來りし上は北部之諸侯より請取りし手金請求致候筋は無之と奉存候以上

エトワルトスチル手記

阿蘭ミニストルレシテント

ドテカラーフファンポルスフルック

閣下

阿蘭公使館附書記官

ケレーンチース

原本如此

相違無之寫

東久世中將閣下

五七　同上對決書　明治元年十月

別紙

ヱトワルトス子ルを相手取り日本政府之公事吟味對決

日本在留荷蘭ミニストルレシデント

主座　ドデガラーフ、フアンボルスフルック

ダブリウ、シ、ハンヲールト

立合　ヱル、イカルスト

荷蘭ミニストル所附書記官

筆記　ヱルチ、ケレインチース

○

日本政府名代

訴方　寺島陶藏

相手方　ヱドワルトス子ル

千八百六十八年第十二月二日於金川

當日朝第十時訴方相手方双方相揃主座吟味に取掛候事庄内侯へ武器其

外賣渡約定取結候事に付足下「エトハルドスチル」を相手取り日本政府より訴訟有之候

訟書幷約定書讀上ける

相手方　誠實無僞の誓を爲せり

主座　足下此約定を承知致居候哉

相手方　如何にも右は拙者庄內侯執事と取結申候

主座　此約定取結候哉臣下熟談致候哉

相手方　右は拙者より庄內侯へ送り候約定書之草稿に有之候間唯約定書案文同樣に可有之存候

主座　足下右約定書面之武器相渡候哉

相手方　左樣之儀無之候右賣渡方相成候節は拙者手へ二割半之前金可相拂筈に候得共其儀無之候間拙者決而右約定は相果不申候〇庄內執事右約定書案文を拙者へ示し申候其砌右案文を横濱へ相廻し其地に右約

定望之者有之候哉を試候心得に有之候
主座　右手附金を相拂候儀決ゐ無之候哉
相手方　右約定に付前金を相拂候儀決ゐ無之候○庄内執事右取極之爲め案文持參其本國へ引取申候間右執事再歸着可致其上にゐ拙者横濱へ書狀を以て右約定を望候組合之者有之候哉を相尋候積に有之候
立合ハンヲ、ルド　右書附は決して約定書には無之候事に注目いたし候其故は何れ之約定書にゐも双方之調印幷證人の調印可有之筈之處此書は片方計の調印に有之候
訴方　右は證書にて相成不申候哉
主座　相成不申候
立合カルスト　何故右は約定書にも無之又證書にも無之候と云へる事分明に候
主座相手方へ對して云く　足下書類は何れに有之候哉

相手方　南方之士官等新潟を落し候節悉く亂妨におよひ其上歐羅巴人へ發砲いたし候間拙者諸物を無餘儀殘し置申候

訴方の望に因て主座相手方へ尋候は足下小銃を會津其外諸侯へ賣渡候哉

相手方　左樣に有之候拙者新潟へ罷趣候節は彼地は北部之政府に有之候右政府にて申聞候には當地は既に開港に相成同所に於ても理は南諸侯同樣之趣被申聞候拙者役所へ輸入稅相拂申候

立合カルスト　右之節は當事件に關係致候事には有之間敷候

主座　新潟に於て南方之軍卒兵器を取押候哉

相手方　左樣に有之候長崎より南方之船へ軍隊乘組罷越し候右船中に武器を積込居申候右は無子細陸揚相成申候

主座　右武器は誰人に屬し候哉

相手方　云く諸商に屬し居候得共其名は拙者存不申候

新潟之落候砌拙者金貳萬兩被奪取申候
訴方は右約定書差送り候は相手方のもの武器を賣渡候事を證する事而已の見込に有之候
約定書證と相成不申候は他之藩へ武器を賣渡し候廉を以てス子ルを罰候樣相手方のもの望めり
立合　右は此事件には關係無之候
證書或は書類にてス子ル手附金を請取候哉否之證は本間氏に爲差出可申候
立合ハンヲ、ルド　ス子ル新潟にて商業を營みし頃彼地にて北方政府之免許を受たればス子ルに於ても不正之所業は無之事に候
訴方　假令は戸の明放有之時は金を盜取候ゟ宜敷候哉
立合ハンヲ、ルド　夫は金子之主注意して右金を金箱に仕舞置へき事に候

主座　局外中立之布告は南方諸侯の爲にも北方諸侯之爲にも同樣之事に有之候

訴方　乍併和蘭條約に從へは武器之儀は政府而已買入可相成哉

主座　左樣には無之右は伊太利白耳義丁抹條約書に無之候間右定めは相發《廢カ》し申候和蘭人民も右國々人民通り同樣之理を有し候

主座伊太利幷孛漏生公使より其商人とも新潟にて受候償金を願出候哉

訴方　左樣之儀に無之候

立合カルスト　新潟にて敵方之諸侯へ武器を賣渡候者を相手取り日本政府にて訴を爲さんとせは政府にても亦外國の有物を紛失せさる樣注意あるへき事に候

主座　和蘭コンシユル所へ預り置候銅は足下之物に候哉

相手方　左樣には無之右は箱館のウイルキー及びカユルトチル金川に罷在候拙者へ宛て相送り候品に有之候

訴方　スチル事敵方へ武器賣渡候理を有し候哉否承知致し度候

主座　左様之儀決ゐ無之候乍去當地政府にゐも外國人より武器買入之事は相成不申候

訴方　コンシユルより右價之證書差出し候得は政府より銅は引渡候ゐも宜敷候

主座　左様には不相成候間銅は預り置可申候

相手方拙者新潟へ差送り候荷物は南方へ賣渡し申候去なから拙者より外之大商北部へ賣渡し候者へは何の御尋も無之候

荷主之支配人とも武器を賣捌候儀にゐ拙者は只荷物を差送り世話人に有之候

訴方　拙者共はスチルの事而已承及候

相手方　新潟に於ては惣ゐ歐羅巴人を皆スチルと申候

主座　訴方より相手方へ猶質問可致事有之候哉

訴方　書物には双方之調印無之候間拙者に於て約定書とも請取書共致し不申候間本間を呼出し候上右約定書面之武器賣渡相成候哉否可致質問候
相手方　本間氏武器は誰人より買請候哉辨解相成候はゝ滿足之事に可有之候
主座　幾日程掛り候はゝ本間當地へ罷越可申候哉
訴方　二十日とも三十日とも慥には難申候
相手方　日本人にても證書を不請取して金子を拂候者は有之間敷候間請取書本間之手に有之候はゝ差出可申候
主座　庄內〻本間到著まて對決差延可申段申聞相手方自分之記事を差出す
主座對決を止む

エトワルト、スチル手記

立合　エル、ヤスキ、アルスト同
　　　ハー、セ、ハンチールト同
　　　ヱルケー、ケレインチース同
主座　ドデ、ガラーフ、フハンホルスフルーク同
　　　日本に在る和蘭ミニストル所附書記官
筆記　ヱルチ、ケレインチース

無僞之寫

此書局外中立一件に關係あるにあられと糺問中スチル局外中立の事に就き異論あるを以て參考の爲載于此

○金川府日誌別集を抄錄し左に載せて參考に備ふ

○是より以下石原か懷中に有りし書類なり

口演

此度御注文の定約書さし上候御覧の上御返しなし下され度奉存候

先達ゐ御注文相なり右不足品相記す處はかり立切御遣わし下され度奉存候

此度御注文の四分一金子手金として相渡候樣スチル申きけ尤の事なから如何仕候ゐよろしく御座候哉相伺候手金御つかわしの事に御座候はゝ早速御遣しなし下され度奉存候

小子不快中々快氣無御座苦痛にたゑす且隨分てまとれ鹽梅にて大困極仕候

右用事而已申上候

七月廿四日　友三郎

總助樣

左之通り注文いたし候ため金子前方四分一遣し候事四十一ドルにて三十兩三分に相なる

覺

シヤーピス　六百挺

銅パトロン二百つゝ（一挺先達て求る四十一此度四十二いたし呉候由）

此方はサンフランシスコに取りにつかわし置候間殊により候はゝ百日程も日數かゝり候半餘は三十日も過候はゝまいり可申

同ハトロン　百に付四トル三分　六十萬

アメリカミニゲール　八枚則六兩　三百挺

惣鐵二帶ミニゲール　十七枚十二兩二分　七十挺

附屬品不殘添

ヒスボル　三十八枚二十八兩二分　拾挺

ラツパ　九枚六兩二分　七ツ

日本航海圖　五枚

火藥　但小銃百斤二十五ドル　五樽

右の通り極上の處御差向可被下候

辰七月　庄内藩　本間友三郎

エトワルトスチル君

列藩御重役幷役人中奉行屋敷に出勤當港萬事取扱候事

但上中下の役席を分ち重役は上院役人は中院下役は下院に相詰

軍備の儀當節諸口切迫中に候へは先以當分只今の通り軍務相後候は近藩交替持にあ可然か

小田切金川日誌に據り改む

金川日誌玉虫の下に此仁加州へ使者の七字あり

右諸入用は當所運上金を以取賄可然地役人は暫時相雇置可然か

上杉藩

重役
色部長門

御役人
佐藤彌左衛門　黑井小源太

加州へ御使者
山田八郎　落合龍次郎

宇佐美勝作　小田切勇之進（此人庄内へも參り候と申聞候）

仙臺藩

參政
葦名靱負

監察
牧野新兵衛

御役人
玉虫左太夫　富島敬五郎
横尾東作　金成善左衛門
星恂太郎　新井常之進（此仁加州へ使者）

會藩

重役
梶原平馬

御役人
手代木直右衛門　神尾鐵之丞
唐澤源吾　萱野安之助
片桐彌九郎　田中茂手木

二本松藩
奥田彌平右衛門　山田次郎八

村上藩
近藤幸次郎

新潟へ出居候仁
平井伴右衛門　鈴木四郎右衛門

過日及御回答候戊辰年中荷蘭人スネル審判之義月日齟齬致居候旨にて尚
又御問合之趣致承知候篤と取調候處審判書には千八百六十八年十二月二
日我明治元年十月十九日とあり又スネル之紀事には同十二月六日我十月廿三日とあり審判書
末に相手方自分之紀事を差出すとあるは則此十二月六日付なるへく外に
スネル之紀事としては無之候且其前荷蘭公使館書記官ケレインチースゟ子
安峻への書束西暦十一月廿八日我十月十五日中にスネル審判之義來る水曜日西暦十二月二日我十月十九日
は差支に付木曜日西暦十二月三日我十月二十日迄差延申度云々と有之候右回答書は不相
見候得共來書に據て勘考候得は二日我十九日は經過致し三日我二十日亦差支生し
遂に遷延して十二月六日我十月廿三日開廷相成候事には有之間鋪哉既に本省記
録之審判書にも十二月二日と記有之候得共右ケレインチース書束に據れ
は恐く二日は六日之誤寫なるへくと被存候尤此事件は神奈川にて之取扱
に付其時之書類全備無之今詳にする能はす候此段及御回答候也

明治十六年四月三十日

記錄局長

外務大書記官　中村博盛

修史館監事

長松幹殿

追て本文中進候通書類全備無之中立顚末編纂之砌迄は原本殊に乏鋪其節引用候スネルえ記事には年月日を脱有之候故其儘謄寫編纂致し後年月日記載有之候書を見出候義に有之候此段も申添候也

戊辰中立顚末卷四

一　奥羽平定を各國公使へ報知の書翰　明治元年十月廿六日

明治元年戊辰十月二十六日

以手紙致啓上候然は我國內當春以來奥羽邊諸侯一時大義順逆を誤抗皇師干戈相尋候處此節に至り謝罪降伏致し是に於て我國內全く平定我天皇に於ても安慮被致候依而此旨御承知之上貴國政府へも御報知被下度此段御通達迄如斯御座候以上

辰十月廿六日

各國公使館に所藏の書翰十月とのみありて日附を記さす

外國副知官事

東久世中將

外國知官事

伊達中納言

各國公使閣下

此書各國公使館にあり

○先是神奈川縣より外國官へ左の書翰を進出す因て本文正副兩知官事より各國公使へ平定の報知ありし也

此頃傳承いたし候處にては奥羽平定に相違無之由之處未た各國公使共へ其旨御布告に不相成趣に付早々知官事卿より各國公使へ御布告相成候樣御取計有之度尤被差遣候節は當港にも御通達被下候はゝ岡士共へも布告可致と存候

一丁抹國王ゟ天皇に獻上幷に宇和島宰相殿始に差出候品々御挨拶狀等も知官事ゟ御差遣に相成候樣御取計被成度此段申入候以上

十月廿四日

神奈川縣判事

外國官判事御中

二　神奈川府判事より前件を瑞西岡士へ報知の書翰　明治元年十月廿七日

辰十月二十七日

以手紙致啓達候然は我國内當春以來奥羽邊諸侯一時大義順逆を誤り抗
皇師干戈相尋候處此節に至り謝罪降伏致し是に於て我國内全平定致し我
天皇に於ても安慮被致候而此旨御承知之上貴國政府へも御報知被下度此
段我外國知官事之命に因り及御（原本ノマヽ）通達度段如此に有之候以上

草案月日を脱す

櫻田大助
井關齋右衛門
寺島陶藏

瑞西アリチンク、コンシユルゼ子ラール
シーベル貴下

三　全國平穏に歸したるを以て各國公使へ局外中立廢止通達を依頼の書翰　明治元年十一月四日

辰十一月四日

戊辰中立顚末卷四

過日及御布告候通奥羽之地も鎮靜相成最早全國平穏之事に相成候上は總而我
皇帝陛下之政事一途に歸し申候就而は
貴國政府と我國政府を以て前々之通御親睦之交を以て御接對相成局外中立と申儀は更に無之儀と我政府に於て相心得（本ノマヽ）可申候此旨得貴意候に付
貴國政府へも御通達有之候樣致希望候謹言

外國知官事
伊達中納言

十一月四日

外國公使（原本如此外は各の誤か）
姓名閣下

四　脫艦箱館占據に關し各國公使へ通牒（明治元年十一月十日）

辰十一月十日

以手紙致啓上候然は先達ゟ及御達置候脱艦頃日箱館へ襲來候處防禦之兵不足にゟ知府事以下一〔本ノマヽ〕往奥州青森へ引上候に付同所には政府之官吏無之不都合に付追ゟ同港恢復迄之間貴國商船不差越候様いたし度存候右之趣可得御意如斯御座候以上

十一月日附を脱す　　東久世中將

孛露生公使

フォンブラント閣下

獨乙公使館所藏の書翰寫を以て于此載す此書各館にあり

御國内全く無事に属し候旨各國公使に御通達之御書翰案被遣當縣當例之文體に取直し達方可致旨被御申越候趣承知いたし別紙之通取捨致し相違申候且公使在留無之國々には其國之岡士に別紙之通拙者共より申入候間其段御承知可有之候以上

十月　　櫻田大助

井關五位

寺島五位

外國官

判事御中

二白　當縣おゐて各國公使岡士に是まて相達候書翰文體幷東久世殿御花押形御見合之ため別紙に取調差進申候以上

五　神奈川府を縣と改めたるに付各國公使へ通牒（明治元年十一月十一日）

辰十一月十一日

以手紙致啓上候然は當地之儀神奈川府を神奈川縣に改め拙者儀知府被免
議定職東京在勤被
命寺島陶藏儀知縣事兼外國官判事被命候此旨御吹聽およひ度如此御座候
以上

辰十一月十一日

東久世中納言　花押

和蘭陀公使
ドデガラーフ、フアンポルスフルーク
閣下

蘭館所藏書翰寫を以て于此載す此書各國公使館にあり

六　獨逸公使より箱館へ外國船回漕に關する來翰　明治元年十一月十八日

辰十一月十八日

以手紙致啓上候當月廿二日之御書翰に依り箱館港之儀德川家脫走人之有と相成居中は同港へ不差越樣來示之旨趣佛蘭西荷蘭以太利英吉利亞墨利加合衆國之公使等と商議に及候處右形勢に付條約濟各國之人民彼港へ住居幷商賣を禁せらるゝ之理敢而無之儀に付御氣の毒なから右御申越之儀致承知兼候尤我獨乙臣民右事件に決して關係不致局外中立之法を嚴に取行候樣岡士共へ布告致置候右可得御意如此御座候以上

第十二月三十一日

獨乙北部聯邦公使

フォンブランド

東久世中將閣下

此外各國公使より同文意の返翰あれども畢竟局外中立に專關係する事件ならねは參考の爲に此書を載せ自餘の書翰は省略す

七　各國公使へ車駕東京へ行幸の旨通知書翰明治元年十二月朔日

辰十二月朔日

以手紙致啓上候然は
天皇陛下東北兵馬騷亂に付蒼生綏撫之爲萬機政務を親裁せんと東京へ臨幸之處内地略平定に付來る十二月廿五日
先帝大祥之祭祀之期に當り且又當年中一條左大臣息女立后之儀兼而決定相成居候間右之禮式も遂行致し度旁以我十二月上旬一と先京都へ還幸猶明春東京へ再幸之都合に御座候間此段御報知迄如此御座候以上

十一月三十日　　　外國副知官事
東久世中將花押

各通

各國公使
閣下

八　局外中立廢止談判に關し各國公使館書記官宛書翰　明治元年十二月二日

辰十二月二日
以手紙致啓上候然は三條右大臣岩倉右兵衛督東久世中將各國公使へ致御談判度儀有之東京より今日十二字迄に着港其後可致御面會候に付各國公使館之内孰れなりとも御取極之上早々御回答有之候樣公使へ御中通被下度〔本ノマヽ〕如此御座候以上

十二月二日

櫻田大助

寺島陶藏

各國公使館

書記官

御中

各通

戊辰中立顚末卷四

津輕承昭家記に伊達純太郎とあり

此談判の遽然起りし所以は先是箱館賊艦鎭壓の爲兼て米利堅より交收すべき装鋳艦同國公使局外中立を主張し交付を諾せず是を交收するは先つ局外中立を解きて後交收の談判に係るにあられは至急に事を遂くへきにあらすと廷議より輔相副知官事出濱各國公使と談判の時機には至りしなり其事の權輿を考ふるに通信全集雑部十月廿八日の條下に

今度箱館表より爲報知到着相成候伊達託太郎幷長野昌英より彼之地事情御聞取之由御書面之趣承知候就ては過日以來談判相成候米利堅支配厚鋳船之儀最早内地平定之布告相成候上は局外中立と申張候義も出來兼候儀に可有之此機會に乘し今一應談判に相成是非とも相受取賊船取押之爲御差向相成度之廟議相定申候急々御談判御取掛り相成候樣有之度當官より差越談判候樣東久世卿ゟ致承知候得共其御元にては最初ゟ之始末御貫徹之事故別段此方より罷越にも及間敷存申候其態と以急飛申越候若哉此方より誰そ不差越候ては不都合之時機にも有之候はゝ早々被仰越候樣有之度早々不取敢申越候以上

十月廿八日

都築荘藏

森金之丞

町田五位

寺島五位殿

井關五位殿

別紙

伊達託太郎

長野昌英

覺

一、戰器其外石炭食糧薪水に至迄我

一、朝廷之土地より出産せる物品は塵芥と雖とも與ふるを許さす
一、重立たる者は勿論銃卒水夫人足等に至る迄賊たり《れカ》とも《はカ》我
朝廷の土地を踏を許さす
一、總て海岸より海上一里の内は乘入れは端舟と雖とも我より砲擊す
へし何となれは賊船たるに明白なるに依て揚陸を許さゝるなり
一、口に謝罪を唱へ甘言を吐くと雖決して聽すへからす從來の進退我に於
て見込あり何となれは德川の脫艦なるを以て君臣の情先德川え謝罪し
德川より
朝廷に謝罪すへき筈なり且脫艦の節表は兵力に服すれとも內實は
朝廷に心服せさる由の書面を殘せるを以て也
辰十月
フレタ口上
一、賊勢貳千四百人
廿二日夜峠下戰爭我兵三十八人卽死手負六十八人
一、賊より答《本ノマヽ》國公使へ來收十二時の間に取と云
箱館府を云か
一、賊將竹田某
一、荒木才三郎乘組
一、南部兵三百八十人　追ゐ罷出
津輕八百人
越前一小隊
大野
福山八百人
鷲本へ七艘着直樣上陸峠下ゟ五里

九　各國書記官へ三條・岩倉兩輔相延著の旨再報知の書翰　明治元年十二月二日

辰十二月二日

兩輔相公迎船破損致し無餘儀外船を以唯今より迎船東京へ差廻候間延着可相成尤着次第猶可申進候以上

十二月二日　　寺島陶藏

佛孛伊蘭

公使館

書記官

御中

輔相公以下爲談判神奈川下向に付應接所を定めん事を請ふの書翰は各國とありて此に佛孛伊蘭の四ケ國を付すは些矛楯に似たりと雖神奈川縣廳所藏各國往復書翰留に所載の草案如前

一〇 局外中立談判面會場所決定に付各國書記官へ請求の書翰 明治元年十二月二日

辰十二月三日

岩倉右兵衛督東久世中將只今著港致候に付今日第二時御面會申度いつれの館へ罷出可申哉其邊御取極早々御申越有之候樣致度存候右可得御意如斯御座候已上

十二月三日

櫻田大助

寺島陶藏

各國公使館

書記官

御中

輔相公以下今日公使出會應接局外中立を廢すべきの談判豫め此面晤に熟議ありしは翌四日輔相卿より各國公使への御書翰中右件速に御取消有之度旨及御

賴談候猶其余事細密の儀は昨日御面會之節御談申盡置候に付御納得の事と存候云々とあるを以て其概略を知るに足りと雖も當時の手續を考證の一端に輔相卿以下金川發向の事を記載于此

一一　岩倉輔相より各國公使へ更に局外中立廢止請求の書翰　明治元年十二月四日

辰十二月四日

以手紙致啓達候然は當春我國内變動之際兵庫表において局外中立之儀に付及御賴談其後徳川慶喜恭順致し候故右之儀取止に致度旨申入一應之御挨拶有之候得共其節我國内未定之譯故を以御不承諾之事と被察候然る處此節に至り奥羽越等之叛藩都而降伏其主人始臣下之者迄悔悟謝罪各誓紙を出し此上は如何共只

朝廷之裁斷を仰候に付政府に於て其願を許容致し右降伏之各藩主速に東京に可罷出樣申達候處既に會津仙臺米澤等東京へ著其餘も不日に來著之

事に候依ゐ我國内において干戈を用政府に抗衡するの藩更に無之全國始て平定政令出る處一途に歸候就ゐは右局外中立と申儀は全く取止可申事我政府において當然と存候間前件夫々篤と御了察相成右件速に御取消有之度旨及御賴談候尚其餘事細密之儀は昨日御面會之節御談申盡置候通に付御納得之事と存候右申入度如斯御座候謹言

岩倉右兵衞督　花押

辰十二月四日

英佛米蘭孛伊

各通　各國公使

一二　英公使より局外中立廢止に付岩倉輔相へ返翰　明治元年十二月十一日

辰十二月十一日

貴翰致拜見候然は西暦去年二月我正月頃英館譯文案作時分貴國内兵亂相起候節余局外中立之儀に

付差出候布告書此度改而取戻度旨被申越致了解候然る處今日に至り前文
兵亂相止候に因り最早貴國
朝廷に匹敵之者無之儀判然と存候依之
皇帝陛下政府之御求に應し可申候得共前文局外中立之儀に付各國同列よ
儀に付　英國譯文案
り兼而差出候布告も有之候間不殘一時に取戻度存候間其相談之爲暫時猶
豫不致を得す右御回答旁。如此御座候以上
右ゟ此段に作　英館譯文案旁の下に可得貴意の四字あり。。
十二月十一日
英館譯文案西暦一月廿三日と朱書あり一月は則千八百六十九年一月なり。

ハリヱスパルケス

岩倉右兵衞督閣下

一三　伊國公使より右同斷の返翰　明治元年十二月十一日

辰十二月十一日

於江戸千八百六十九年第一月廿三日日本伊太利公使館

客歳第二月に内亂起りし時余より觸たる局外中立之布告を今取消すへきを求め給へる閣下之書翰を余謹而落掌せり

右戰爭既に止み日本最早戰闘するもののなき旨を承知し其事に余疑を容れす故に余

御門陛下政府之求に應せんと欲すれとも右局外中立之事掲る各布告を同時に取消す事を余か同僚と取極るに今暫時を要するなり敬白

コントデラツール

岩倉右兵衛督閣下

一四　獨乙公使より右同斷の返翰　明治元年十二月十一日

辰十二月十一日

千八百六十九年第一月廿三日横濱

客歳第二月に日本に内亂起りし時余より觸たる局外中立の布告を今取消

すへきを求め給へる閣下の書翰を余謹ゐ落掌せり右戰爭既に止み日本に最早戰鬪するものなき旨を承知し其事に余疑を容れす故に余御門陛下政府之求に應せんと欲すれとも右局外中立の事を掲くる各布告を同時に取消す事を余か同僚と取極むるに今暫時を要する也敬白

獨乙北部同盟國
チヤルシタヱフフヱール
フオンブラント

外國事務執政
岩倉右兵衛督閣下

一五　和蘭公使より右同斷の返翰　明治元年十二月十一日

辰十二月十一日
第十四號の三十二號

千八百六十九年第一月廿三日金川

客歳第二月に日本に内亂起りし時余より觸たる局外中立の布告書を今取消すへきを求め給へる閣下の書翰を余謹ゟ落掌せり右戰爭既に止み日本に最早戰鬪するものなき旨を承知し其事に余疑を容れす故に余御門陛下の政府の求に應せんと欲すれとも右局外中立の事を掲くる各布告を同時に取消す事を余か同僚と取極るに今暫時を要するあり敬白

在日本和蘭國王陛下の

ミニストルレシデント

ド、デ、ガラフファンホルスブルーク

岩倉右兵衛督閣下

一六　佛國公使より右同斷の返翰　明治元年十二月十一日

辰十二月十一日

千八百六十九年第一月廿三日横濱に於て岩倉右兵衞督閣下に呈す

去る二月中戰爭之始に當り佛國公使館より局外中立の儀に付差出せし布告書を廢する樣余に請はるゝ趣に付第一月十六日附を以て余に充られし書翰慥に落手せり最早右戰爭相休日本國中に對抗して戰爭を爲すの理あるものなき事を諾するは聊猶豫すへきにあらす就ゐは御門陛下政府の請求に應するは更に不都合なしといへとも右局外中立之儀に付各國より差出たる布告書を一同廢する事に付余同僚等と熟讀を遂るため今少しの時間を得る事極めて要用なり謹言

マクス、ウ、トレー

一七　米國公使より右同斷の返翰　明治元年十二月十二日

辰十二月十一日

千八百六十九年第一月廿三日横濱合衆國公使館に於て外國事務執

政

岩倉右兵衛督閣下

客歳第二月に日本に內亂起りし時余より觸たる局外中立の布告を今取消すへきを求め給へる閣下の書翰を謹而落手せり右戰爭既にやみ日本に最早戰闘するものなき旨を承知し其事に余疑をいれす故に余

御門陛下政府の求に應せんと欲すれとも右局外中立の事を掲ける各布告を同事に取消す事余同僚と取極るに今暫時を要するなり敬白

在日本合衆國ミニストルレジテント

アルビフアンフアルケンホルク

一八　奥羽越叛藩處置濟の旨各國公使へ報知書翰　明治元年十二月十二日

辰十二月十二日

以手紙致啓上候然は奥羽越叛藩別卷之通夫々措置相成候間爲御承知申進

候拜具

外國副知官事

辰十二月十二日　東久世中將

不列顚獨《マヽ》派全權公使

サアハルリー、パークス

閣下

一九　東京城日誌奥羽越叛藩處置の卷　明治元年十二月

別卷

詔書之寫

賞罰は天下之大典朕一人の私すへきに非す宜く天下之衆議を集め至正公平毫釐も誤り無きに決すへし今松平容保を始め伊達慶邦等の如き百官將士をして議せしむるに各小異同ありと雖も其罪均しく逆科にあり

宜く嚴刑に處すへし就中容保之罪天人共に怒る所死尚餘罪ありと奏す朕熟ら之を按するに政教世に洽く名義人心に明なれは固より亂臣賊子無るへし今や朕不德にして教化の道未た立す加之七百年來紀綱不振名義乖亂弊習之由て來る所久し抑容保の如きは門閥に長し人爵を假有する者今日逆謀彼一人の爲す所に非す必首謀の臣あり朕因て斷して曰其實を推して其名を恕し其情を憐みて其法を假し容保の死一等を宥め首謀の者を誅し以て非常の寬典に處せん朕亦將に自今親ら勵精圖治教化を國內に布き德威を海外に輝さん事を欲す汝百官將士其れ之を體せよ

十二月

今般松平容保等御處置之儀天下之衆議被　聞食候處刑典に於て可被處嚴科奏聞有之候ハ共　宸斷別紙之通被　仰出候就ては
詔書之趣各篤く奉體可有之被　仰出候事

十二月七日　　　　　　　　　　　　行　政　官

松平容保

昨冬德川慶喜政權返上之後暴論を張り姦謀を運らし兵を擧て　闕下に迫る事敗れ遁走す慶喜恭順するに及ひ更に悔悟せす居城に據り兇賊の稱首と爲り飽まて　王師に抗衡し天下を擾亂す其罪神人共に怒る所屹度可被處嚴刑之處至仁非常の　宸斷を以て死一等を減し池田中將へ永預け被　仰付候事

松平喜德

父容保之不軌を資け共に兇賊之唱首と爲り飽まて　王師に抗衡候條屹度可被處嚴刑之處至仁非常之　宸斷を以て死一等を減し有馬中將へ永預被　仰付候事

松平容保家來之内反逆首謀之者早々取調可申出事

保科彈正忠

松平容保儀別紙寫之通其藩へ永預け被

仰付候間嚴重取締可致旨　御沙汰候事

池田中將

松平喜德儀以下同斷

有馬中將

各藩名代之者へ

姓名

別紙之通被　仰出候間此段可相達事

伊達慶邦

松平容保追討に付至重之　勅命を奉し其後嫡子宗敦上京之節重て御沙汰之趣有之及出陣候處半途にて反覆却て容保に黨與し上杉齊憲と共に奥羽諸賊私盟の魁首と爲り督府參謀を斬害し且暴威を以て總督を拘留し屢　王師に抗衡遂に天下の騷亂を釀成し兇逆悖亂を逞ふし候條今般開城伏罪に及と雖も天下の大典に於て其罪難被差置依之城地被召上父子於東京謹愼被　仰付候事

但叛逆首謀之家來早々取調可申出事

同人へ

今般城地被召上父子於東京謹愼被　仰付候處出格至仁之　思召を以て家名被立下更に二十八萬石賜仙臺城御預被　仰付候間血脉之者相撰早

々可願出事

南部利剛

松平容保追討に付至重之　勅命を蒙り候處竊に兩端を持し賊徒に通し遂に反覆し屢　王師に抗衡し恣に箱館守禦の番兵を引揚官府之兵器を破毀し剩へ官舍を自燒し兇暴を逞ふし今般伏罪に及と雖も天下の大典に於て其罪難被差置依之城地被召上於東京謹愼被　仰付候事

但叛逆首謀之家來早々取調可申出候事

同人へ

今般城地被召上於東京謹愼被　仰付候處出格至仁之　思召を以家名被立下更に十三萬石下賜候間血脉之者相撰早々可願事

但土地之儀は追て被　仰付候事

南部信民

宗家南部利剛之指揮に從ひ　王師に抗衡候條大義順逆を不相辨次第其罪不輕屹度御咎可被　仰付之處出格之　思召を以て領知之内千石被召上隱居被　仰付家名相續之儀は血脉之者へ可被　仰付候事

但相續之者早々可願出事

丹羽長國

奧羽諸賊と同盟し屢　王師に抗衡し遂に落城遁逃其後賊魁力盡不能支に至り伏罪候條天下の大典に於て其罪難差置依之城地被　召上於東京謹愼被　仰付候事

但叛逆首謀之家來早々取調可申出事

同人へ

今般城地被召上於東京謹愼被　仰付候處出格之　思食を以て家名被立下更に五萬石下賜二本松城御預け可被　仰付候間血脈之者相撰早々可願出事

一橋大納言

丹州長國儀別紙之通被　仰付候に付其方邸内へ引取謹愼可爲致事

松平大和守

丹羽長國儀別紙之通被　仰付候間一橋大納言へ引渡可申事

阿部正靜

奥羽諸賊と同盟　王師に抗衡遂に棄城遁逃其後伏罪候とも天下之大典

に於て其罪難差置依之城地被召上於東京謹愼被　仰付候事

但叛逆首謀之家來早々取調可申出候事

同人へ

今般城地被召上於東京謹愼被　仰付候處出格至仁之　思召を以て家名被立下更に六萬石下賜棚倉城御預け可被　仰付候間血脈之者相撰早々可願出事

板倉勝尙

奥羽諸賊と同盟　王師に抗衡候條大義順逆を不相辨次第其罪不輕屹度御咎可被　仰付之處出格之　思召を以て祿高之內二千石被召上土地替被　仰付隱居被　仰付家名相續之儀は血脈之者へ可被　仰付候事

但相續之者早々可願出且替地之儀は追て　御沙汰可有之事

本多忠紀

奥羽諸賊と同盟　王師に抗衡候條大義順逆不相辨次第其罪不輕屹度御咎可被　仰付之處出格之　思食を以領知之内二千石被召上隱居被　仰付家名相續之義は血脉之者へ可被　仰付候事

但相續之者早々可願出事

田村邦榮

宗家伊達慶邦之指揮に隨ひ屢　王師に抗衡候條大義順逆を不相辨次第其罪不輕屹度御咎可被　仰付之處出格之　思食を以て領地之内三千石被　召上隱居被　仰付家名相續之儀は血脉之者へ可被　仰付候事

但相續之者早々可願出事

内藤政養

奥羽諸賊と同盟し　王師に抗衡候條大義順逆を不相辨次第其罪不輕屹度御咎可被　仰付之處以出格之　思食領地之内千石被召上隱居被　仰付家名相續之儀は血脉之者へ可被　仰付候事

但相續之者早々取調可願出事

安藤對馬守

其方父隱居之身を以て奥羽諸國と同盟し　王師に抗衡し力不能爲に及ひ遂に伏罪候條大義順逆を不相辨次第其罪不輕屹度嚴譴可被　仰付之處格別之　思召を以て土地替被　仰付鶴翁儀永蟄居其方儀謹愼被　仰付候事

但替地之儀は追而　御沙汰可有之事

上杉齊憲

松平容保征討に付至重之
勅命有之候處却て容保に黨與し伊達慶邦と共に奥羽諸賊私盟の魁首と爲り大兵を出し屢　王師に抗衡天下の騷亂を釀成し兇逆悖亂を逞し候條屹度可被處嚴刑之處今般諸賊に先ち悔悟自ら督府軍門に出謝罪哀訴に及ひ　命を奉し賊徒勦絶之爲出兵盡力實効を表し候段其情實被　聞召出格至仁の　思食を以て其方儀は隱居被　仰付領知之內四萬石被
召上嫡子茂憲に家督相續被　仰付候事
但叛逆首謀之家來早々取調可申出事

酒井忠篤

當春　王師東下以來德川慶喜に於而は退去謹愼候處其方儀居城に據り脫藩無賴之徒を招集奥羽諸賊之私盟に與し兵を四方に出し兇暴を逞し

其後賊鋒追々挫衂に及ひ自ら力不能爲を知り終に開城伏罪候條於天下之大典其罪難被差置依之城地被　召上於東京謹愼被　仰付候事
但叛逆首謀之家來早々取調可申出事

酒井忠篤

今般城地被　召上於東京謹愼被　仰付候處以出格至仁之　思召家名被立下更に十二萬石下賜候間血脉之者相撰早々可願事
但土地之儀は追而被　仰出候事

酒井忠良

宗家酒井忠篤之指揮に隨ひ屢　王師に抗衡候條大義順逆不相辨次第其罪不輕屹度御咎可被　仰付之處以出格之　思食領知之内二千五百石被召上隱居被　仰付家名相續之儀は血脉之者ゟ可被　仰付候事

水野和泉守

其方在邑之家來共奥羽諸賊と同盟し屢　王師に抗衡し大義順逆を不相辨次第其方在京中とは乍申畢竟平生之示方不行届に付屹度御咎可被仰付之處以格別之　思食謹愼被　仰付候事

但叛逆首謀之家來精細取調早々可申出事

織田信敏

其方上京中兇賊在所表に差迫家來共防戰急々之趣相聞厚き　思食を以歸邑被　仰付候處力不能支終に逆焔に靡き賊類に黨與し　王師に抗衡候條大義順逆を不相辨次第其罪不輕屹度御咎可被　仰付之處以出格之思召領知之内二千石被　召上隱居被　仰付家名相續之儀は血脉之者へ可被　仰付事

但相續之者早々可願出事

松平信庸

奥羽諸賊と同盟し屢　王師に抗衡候條大義順逆を不相辨次第其罪不輕屹度御咎可被　仰付之處出格之　思食を以て領知之内三千石被　召上隱居被　仰付家名相續之儀は血脉之者へ可被　仰付候事

但相續之者早々可願出事

岩城隆邦

奥羽諸賊と同盟し　王師に抗衡候條大義順逆を不相辨次第其罪不輕屹度御咎可被　仰付之處出格之　思食を以て領知之内二千石被召上隱居被　仰付家名相續之義は血脉之者へ可被　仰付候事

但相續之者早々可願出事

牧野忠訓

會米兩賊と連結し近隣諸藩を煽動し屢　王師に抗衡頗る兇逆を逞し後兵敗れ城陷候得共猶殘賊を募集頻に拒戰に及更に悔悟無之候處諸賊追々敗衂に付力不能爲を知り終に伏罪候條於天下の大典其罪難被差置依之城地被　召上於東京謹愼被　仰付候事

但叛逆首謀之家來早々取調可申出事

同人へ

今般城地被　召上於東京謹愼被　仰付候處出格至仁之　思召を以家名被立下更に二萬四千石下賜長岡城御預可被　仰付候間血脉之者相撰早々可願出候事

堀　直　賀

奥羽諸賊と盟し　王師に抗衡候條大義順逆を不相辨次第其罪不輕屹度
御咎可被　仰付候處嫡子貞次郎幼若之身を以歸順願出討賊之實効を表
候其情實被　聞食屆以出格之　思食隱居被　仰付貞次郎に家督相續被
仰付候事
但叛逆首謀之家來早々取調可申出事

水　野　勝　知

當春中賊徒を引卒し名を鎭撫に托し歸邑暴行を逞くし後　王師追討に
及ひ棄城遁走し又上野屯集之賊徒に相加り候條終始大義を忘れ順逆を
誤り其罪不輕屹度可被處嚴刑之處以出格至仁之　思召領知之内千石被
召上隱居謹愼被　仰付家名相續之義は血脈之者へ可被　仰付候事
但相續之者相撰可願出且叛逆首謀之家來早々取調可申出事

内藤信思

其方在邑之家來共奥羽諸賊と同盟し屢　王師に抗衡候條大義順逆を不相辨次第其方不在中とは乍申畢竟平生示方不行届に付屹度御咎可被仰付候處出格之　思召を以て謹愼被　仰付家名之儀は血脉之者へ可被仰付候事

但相續之者可願出且叛逆首謀之家來精細取調早々可申出事

久世廣文

上野山内賊徒屯集之節私に自邸を脱し其徒に黨し終に　王師に抗衡候條幼弱とは乍申大義順逆を不相辨次第其罪不輕屹度御咎可被　仰付候處以出格之　思食領知之内五千石被　召上隱居被　仰付家名相續之義は血脉之者へ被　仰付候事

但相續之者早々可願出且叛逆首謀之家來取調可申出事

林忠崇

當春　王師東下以來德川慶喜退去謹愼候處其方尙暴論を主張し脫走無賴之徒を煽動し其詐謀を逞し竟に函嶺暴擧　王師に抗衡後海路仙臺に遁れ賊徒を招集し再擧を謀り候へとも奥羽諸賊追々敗衄に及ひ終に伏罪候條天下之大典に於て其罪難被差置屹度可被處嚴刑候處出格至仁之思召を以小笠原中務大輔ゟ永預被　仰付候事

同九日　御沙汰書寫

牧野伊勢守

土地替被　仰付候事

但土地之儀は追て可被　仰付事

二〇　榎本和泉等よりの歎願書を英・佛書記官へ返却の書翰　明治元年十二月十三日

辰十二月十三日

以手紙致啓上候然は榎本和泉松平太郎ゟ英佛兩公使迄歎願書差出し右
皇帝政府長官之人ニ御渡被下候樣致依賴候由にて態々御持參被下別て深謝候然る處昨日も岩倉輔相より及御談判候通彼者共は疾く　皇國內は素より各國ニも賊黨之布告し最早德川家に追討被命置候半勿論政府に於て戰爭相好候譯にては無之候得共右之次第に相成今更歎願書他より請取候通にても政府之體裁不相立而已ならす自ら公論も有之御兩公使之御深情に對しては甚氣之毒にも被存候得共不得止儀にて右歎願書は差返候外無之尤明十四日局外中立廢止一件に付各國公使岩倉輔相被致面會候筈に付

其折御兩公使に本人より委細被申談積に候得共昨日之末に付一先各樣迄及御挨拶候此旨御兩公使へ宜敷御掛合被下度此段得御意候以上

外國官判事

辰十二月十三日　山口範藏

英國公使代アダムス

佛國公使代コントテモントベルロ　貴下

此書局外中立に關與するにあらねど十四日局外中立廢止一件談判の事を載せたれば于此掲けて參考の一に備ふ

二一　岩倉輔相東久世中將再び中立廢止談判の爲出張の旨英國書記官へ報知の書翰　明治元年十二月十四日

辰十二月十四日

以手紙致啓上候然は明十五日十六日之內岩倉幷東久世當港へ參り各國公使へ無據御談判申入度旨申越候に付其段御承知可被成候猶到著次第御通

達可致候尤外公使へは申入不申候着之上外公使へは可申進候得共御都合
も可有之と存候に付此《本ノマヽ》段前以貴公使へ而已申述置候此段宜御申立可被下
候以上

十二月十四日

寺島陶藏

ウィルキンソン様貴下

二二　同上に付英國書記官へ日時打合せの書翰（明治元年十二月十四日）

辰十二月十四日

明十五日岩倉弁東久世出港第二時各國公使へ御面會致度趣只今申來候に
付其段御承知御打合之上は集會場所明十二時頃迄に御申越被下候樣貴國
公使へ御申立可被下候右如斯御座候以上

十二月十四日

英國公使所書記官御中

寺島陶藏

此返翰記錄なければ詳ならず然れども翌十四日寺島知縣事より英國公使への書翰に第二時其公使館へ罷越云々とあるを以て推考ふれば英國公使館に於て面會すべしとの返答ありしは勿論なれども其は書記官の面晤なりしや又書翰を以て答へたりしや今詳細するに所由なし

二三 同上應接使著濱報知の書翰

明治元年十二月十五日

辰十二月十五日

岩倉幷東久世儀只今着被致候間第二時其公使館へ被越候間貴國公使へ御申立可被下候右可得御意如斯御座候

十二月十五日

寺島陶藏

英國公使館

書記官御中

本日第二時英國公使館に於て應接の顚末は記錄するもの無ければ詳にする所由なし此談判に英國公使周旋の事は末に載する己巳正月十四日右公使へ回翰の條下に詳なり

二四　英國公使より局外中立廢止布告報知の書翰　明治元年十二月廿八日

辰十二月二十八日

以手紙致啓上候然は貴國十二月十一日岩倉右兵衛督閣下ゟ投せし書翰中に貴國内亂既に相止候事余幷各國同列承知致居候得共其以前貴國内亂局外中立相守るへき旨各國人民へ觸置候布告書今般一同取戻之儀に付右相談之ため暫時猶豫を要する趣申置候處右布告取戻し相談最早相遂候間別紙布告之通り前文内亂相止候事我大英國

皇帝陛下之人民へ觸置候間左樣御承知可被下候且又貴國内亂掃淸に歸し候事此序に祝申候此段可得貴意如斯御座候以上

十二月廿八日

東久世中將閣下

ハリヱスパルケス

二五　同上布告書寫　明治元年十二月廿八日

別紙

先般日本領内
御門幷其外匹敵戰有之間紛爭相續候内局外中立嚴重可相守樣五月十四
日西暦ウヰンドゾルヽ
朝廷に於て被　仰出候趣七月十三日
皇帝陛下ゟ人民へ布告書を以諭置處今般前文兵亂平定相成候間爲心得
觸置候もの也
　横濱於て
　耶蘇降誕千八百六十九年二月九日〇明治元年十二月廿八日

特派公使全權英館譯文案には此職名、なし

ハリエスペルケス自調印

彼より譯し來ろ者と今横文の原書を以て譯する者と
些異なる所あり因て于此並へ載せて參考の一とす

布告

先般日本領内にて　日本皇帝陛下と其敵と戰爭に相及候に付右交戰間は局外中立之趣を嚴守せしめんと　我皇帝陛下去る第五月十四日ウィンドソルの議院《コールト》にて議定したる法令を去る第七月十三日我　皇帝陛下之臣民へ諭告致し置候處右交戰今已に相息候に付此段普く英國　皇帝陛下之臣民は布告致し候

紀元一千八百六十九年二月九日横濱に於て手記布達す

在日本英國皇帝陛下之特命全權公使　ハーリイ、エス、パアクス

此書は辛未の秋英國公使館にてエルネストサトウより贈り與へし横文を今
般本省に於て執行謙九郎之を翻譯し子安少丞宗峻校正する所の譯文なり

二六　伊國公使より右同斷報知の書翰

明治元年十二月廿八日

辰十二月二十八日

去月廿三日岩倉右衞門督閣下へ差出候書翰中に最早其節貴國內亂相止居候儀余幷各國同僚共承知は致し居候得共前々日本國內亂中局外中立之規則相守可申旨夫々之人民へ觸達置候布告書各國一時に取戾之儀同僚と相談致度に付暫時猶豫有之度旨申立置候處右布告書取戾之儀相談相整候間別紙觸書之通前書內亂相止候儀陛下人民ヘ相示し候間此段報告致し候將貴國內亂平定之儀此幸便に御祝申候謹言

伊太利公使
コントデラツール

東久世閣下へ

書中所謂別紙は伊太利亞文にて譯なし○原本月日を脫す然るに記錄中十二月九日歟と書載せしは記者の誤なるへし洋曆千八百六十九年第二月九日は皇曆十二月廿八日にて則各國公使の報知と同日なるべきは推て知るに足れり

二七　獨逸公使より右同斷報知の書翰　明治元年十二月廿八日

辰十二月廿八日

以手紙致啓上候然は我去る廿三日岩倉右兵衛督閣下へ申進候儀拙者同僚共承知致候に付ては兼ゐ各國人民へ布告致置候局外中立之法も此度相廢可申乎都合之處少々手間取候儀も可有之旨申進置候處當今彌以右手都合相濟候間別紙之通獨乙北部聯邦之人民へ日本國亂相治候趣今日布告致し候此段閣下へ申進且貴國平治之事御祝申度如斯御座候以上

獨乙北部聯邦公使

フォンブランド

第二月九日

東久世中將閣下

二八　同上布告書寫　明治元年十二月廿八日

別紙

日本國內之爭亂相靜り候段公然報告之趣も有之且現に敵國悉く鎮定に及候に付去千八百六十八年第二月十八日兵庫神戶に於て布告せし局外中立之法は自今廢止致し候條あまねく北日耳曼同盟國之臣民へ告知するもの也

横濱千八百六十九年第二月九日

北日耳曼同盟國

シャージタフヱール、フォンブランド

手記

二九　蘭國公使より右同斷報知の書翰　明治元年十二月廿八日

辰十二月二十八日

千八百六十九年第二月九日神奈川

余第一月廿三日に岩倉右兵衛督閣下へ宛し書翰に因り千八百六十八年第二月十八日に觸たる局外中立を遵奉すへき布告を廢止する余布告之寫を閣下に呈する榮を得たり敬白

在日本和蘭國王殿下のミニストルレシデント

トテカラ、フアンポルスプルーク

日本天皇陛下の

外國事務執政

東久世中將閣下

三〇　同上布告書寫

明治元年十二月廿八日

別紙

布告

千八百六十九年第一月九日神奈川

先頃日本國に起りし戰爭既に止み且當國に最早干戈を動かすものなき旨のおほやけの報告を得たれは兵庫神戸に於て千八百六十八年第二月十八日に觸たる局外中立を遵奉すへき事に付而之布告を廢止せし旨を此書を以て和蘭臣民に告示す

在日本和蘭國王殿下のミニストルレシテント

ドデガラ、ブアンボルスブルーク

三一　佛國公使より右同斷報知の書翰　明治元年十二月廿八日

辰十二月二十八日

於横濱千八百六十九年二月九日

東久世中將閣下に呈す

日本において戰爭中局外中立之法を守らしむるため各國公使より其國臣民へ觸渡せし布告書を一同差止る儀に付余同僚等と熟話及ふため今

少々之時日を要する旨去る正月廿三日附之書翰を以て岩倉右兵衛督閣下へ書通に及ひ置たり

余か同僚等も一同異存なく愈當今に至り貴國之戰爭全く終りし事を余認め得たり依之右布告書を發するため總而手續出來せしに付別紙書面之通愈日本に於て戰爭止停せし旨を余か國臣民へ報告せり依而此事を今閣下に告るの榮あり

余此時を以て祝詞を閣下に述へ且余の恭敬の深意を表す謹言

(佛國全權公使)
マキスウトレー

三二　同上布告書寫　明治元年十二月廿八日

別紙

飜書

日本國におゐて當今戰爭相止候旨公然御申越有之且日本國中戰權ある

もの無之と自分認得候に付佛國公使館ゟ千八百六十八年二月十八日兵庫に於て觸出し置候局外中立觸書今般廢止する旨佛國商人へ布告及ひ候

佛國全權公使

マキスウートレー

於橫濱千八百六十九年二月九日

三三　右同斷報告幷裝鐵艦交付談判に付書翰（明治元年十二月廿八日）

辰十二月二十八日

橫濱千八百六十九年第二月九日合衆國公使館於て

東京にて

外國事務執政

東久世中將閣下

皇帝陛下政府の求に應し千八百六十八年第二月十八日に布告せし局外中立を廢止する事に付本日余ゟ觸れたる布告の寫を余今閣下に呈す右に付余ストーンウヲール船引渡方之儀に付談判せんと欲する旨を閣下に謹ゐ報す謹言

在日本合衆國ミニストルレシデント
アルビ、フアンフアルケンボルク

三四 同上布告書 明治元年十二月廿八日

布告

千八百六十九年第二月九日横濱於日本合衆國公使館

先前日本國に起り戰爭止みし事に付公の報告を得當國に戰闘するものなき事判然なれは兵庫神戸おいて千八百六十八年第二月十八日に余より觸れたる局外中立之布告を余廢止するを余亞米利加人民に告知す

在日本合衆國ミニストルレシデント
アルビ、フアンフアルケンボルク

三五　米國公使より局外中立廢止等談判日時に付返翰　明治二年正月二日

明治二年己巳正月二日

貴國第二月九日附御手紙致拜見候然は局外中立取消之儀我政府より御掛合およひし趣意に御同意にて今度新に貴國臣民への御布告之寫御差越相成慥に致落掌候將又右に付兼て神奈川港碇泊之裝鐵船御引渡方之儀に付被成御談判度との趣致承知候乃來る六日拙者幷判事一人同行第一字迄に其地へ罷越御談判致し度依て右日限等御差支有無御即答有之度存候右御報旁可得御意如斯御座候以上

正月二日

東久世中將

米國公使

ファルケンボルク　閣下

此書は局外中立廢止布告報知の返翰に先立裝鐵船交收に談判の日時を決めん事を請求の返翰にて局外中立廢止報知の回翰は次の十四日の條に所載の書翰案の如く各國公使一同に送致す

三六　各國公使へ局外中立廢止布告報知に付き返翰　明治二年正月十四日

巳正月十四日

貴國第二月九日附之御書翰落手拜見致し候然は客歲十二月四日岩倉右兵衞督より書面を以て內亂漸相休み全國始而平定せしにより局外中立之法は最早御廢止被成其旨御布告相成候處各御同列御協議之上今般御廢止被成其旨御布告相成候段委細領掌御布告書寫をも御差越し我政府に於て滿足之至に存候此段御報如斯御座候以上

巳正月十四日

外國准知官事
東久世中將

各國公使
姓名閣下
佛米孛伊は同文書

三七　英國公使へ右同斷返翰　明治二年正月十四日

巳正月十四日

我十二月廿八日附之御書翰落手拜見いたし候然は客歲十二月四日岩倉右兵衞督より書面を以て內亂漸相止み全國始て平定せしにより局外中立之法は最早御廢止有之度旨申進置候處各御同列御協議之上今般御廢止被成其旨御布告相成候段委曲領掌御布告書寫をも御差越し我政府に於て滿足之至に存候此段御報如斯御座候

巳正月十四日

外國官准知事

東久世中將

英公使

姓名閣下

此事件に付英國公使大に周旋し廢止布告に至れり共は同二年六月七日議定より伊達中納言への書翰に詳なれは參考の爲に于此掲く

一昨年局外中立之儀英公使段々周旋於甲鉄艦入手に付今度蝦夷地平定に及候段政府ゟ輔相或議定公使館へ行向英公使に可及謝禮之義過日御官へ申談置候何日頃英公使東京罷出候哉日限之處御聞合早々御申出有之候樣致度候

公使歸候はゝ東久世迄爲知可申事共上日限取極可被參事濱殿へ案内ターフル料理差出候事は書通を止め面晤に可申述筈

是は實地之光景軍務より詳悉政府へは申立候ヰ當官に於ても諒承候上　叡聞に達被遊

一英公使朝陽丸破裂之節我兵士扶助之挨拶も同時に御手數に相成度候

御滿足候旨以書翰申遣候方に決候故分り次第可取調事

右兩事件御見込相立且又日限之處御聞合御申出可有之存候以上

六月七日

議　　定

伊達中納言殿

至急

明治二年庶務記錄六月の條に

英公使

ハーリハークス

アタムス

ミットホール

シーホルト

外に　　壹人

右濱殿松ノ御茶屋におゐて御饗應

次第書

六月十六日

一今夕第五字英公子始濱殿松の御茶屋罷越候筈之事

但表御門通行歸路御裏門新道通行之事

一輔相公始左之通第三字頃迄に濱殿燕之御茶屋へ被相揃候事

三條右大臣殿

岩倉大納言殿

東久世中將殿

伊達中納言殿

大隈四位殿

町田五位殿

但輔相公始四人之御方々午後公使館へ御越にて御應接有之

夫ゟ芝口通り元會津藩邸之新道御通行にて濱裏御門ゟ御入

之事

但新道之先へ爲御案内小吏さし出置可申事

一濱殿退散之節裏御門新道通行之事

但御門固兩三人差出可申候事

一公使始濱殿着之節遠見仕丁壹人差出し置爲相知候事

但右着爲知有之候はゝ輔相始役々松ノ御茶屋へ罷越被待受候事

一公使始濱殿表御門口罷越候はゝ此處より松ノ御茶屋迄案内可致候事

但饗應掛之內案內可致積

一公使始松ノ御茶屋着座煙草盆差出候事

一各着座之上饗應可有之事

但配膳諸事饗應掛り差配之事

一饗應料理向一切此度御雇相成候支那國之者兩者にて擔立候事
一公使始退散之節裏御門新道際迄案內差出候事

巳正月十四日

都築荘藏
南貞助

三八　外國事務局判事より蘭國岡士へ右同斷返翰　明治二年正月十四日

巳正月十四日

我客歲十二月四日岩倉右兵衛督ゟ貴國先任公使ドデガラフフアンボルスフルック閣下へ書面を以て內亂漸相止み全國始て平定せしにより局外中立之法は最早御廢止有之旨申進置候處右は今般御廢止相成候由御布告書をも相添先公使より御報告有之我政府於て滿足之至りに存候此段知官事之命により貴下迄御答得御意候以上

巳正月十四日

町田五位

和蘭國コンシユル

ハアンデルタック貴下

內國騷亂局外中立一件卷一

自慶應三年丁卯十二月九日
至同月晦日

一　江府近傍騷擾概略

慶應三年十二月

先是關東に於て浮浪徒數十人鳩合黨與し武相野總四國の間に橫行して村落の豪農市場の富商に推入り軍資と稱へ金銀錢貨を强借す毫末も其言に悖れば暴激の所行を活き劫し逼りて已が兇望を遂んとす良民恐怖之在る限りを盡して與へざる者なけれは暴徒勢に乘し頗る猖獗を極め既に大久保出雲守が所領相模守愛甲郡荻野山中なる陣屋を襲ふ出雲守は毎年十二月歸邑の家格なれば當時參府の留守中にて陣屋を守る家隷僅にして防禦の勢なく竟に武器を掠奪され剩へ陣屋に放火し直に同國津久井縣平井喜右衛門が宅に推入倘甲州郡內領に進み入らんとするの勢なりと甲斐國上野原驛より同國谷村の出張所に訴ふ因て即刻石和の縣令に報く縣令事狀を江戶に具狀す又一黨數十名薩州藩との唱へ野州都賀安蘇常州眞岡邊を徘徊野州安蘇郡出流山に屯集す其人員凡二百名也と縣令及領主地頭等より注進す江戶城より討手の兵隊を發向させしむ然るに其以前本月十一日在方掛勘定奉行其屬吏に捕縛を命し馳向ひ奪戰して死因に就く者六十人其餘は逃散して踪跡を匿す其四虜を糺問するに巨魁は薩藩にして黨與の內近々横濱を襲ひ外國人を殺害し以て政府と外國の交際を離間せんとの隱謀ありと白狀す先是又一群の浮浪徒府下に暴行富戶の資財を强奪し市人是が爲に心膽を消し困苦す市尹其屬吏をして暴徒の所在を探索させしむるに浮浪數百芝三田薩州の藩邸及同所小山なる末藩佐土原邸に潜伏すとの風聞を得たり因て其實否を偵はしむれども確證を得ず兼て酒井左衛門尉幕令を奉し其兵士市街を巡邏すと雖一層嚴戒すべしと去月廿九日松平大和守堀田相摸守鳥井丹波守を其副と爲し各藩の兵隊陸續と市防を巡見す斯警衛の嚴なるより浪徒暴行を恣にする事を得さる故にや一昨廿

三日の夜三田四丁目なる左衛門尉が兵隊の屯所に發砲して去る兵士其後を追ふに暴人同所薩摩の藩邸に迯入しを視認駈歸て其旨を報く於是漸く兼て風聞の確證を得昨廿四日の朝酒井家の隊長松平權十郎討伐の事を建言す閣老左右なく可否を決せず同日夕刻に至り漸く討伐に決議し同夜遽に左衛門尉始松平大和守、松平和泉守、間部下總守、松平伊豆守、松平志摩守、堀田相模守、酒井紀伊守、鳥井丹波守、三宅備後守、牧野伊勢守、遠藤但馬守、以上十三家の重臣を西丸に徵し大監察木下大內記監察長井筑前守より出兵の令を傳ふ其諭達に穩順に暴人交接の事を談し彼事故なく交付せば粗忽の擧動あるべからず若拒みて暴戾の所業あらば臨機の處置に及ぶべしと懇に說示す各領承退散本日朝六時過諸藩三田なる薩州の居邸同所小山の佐士原邸を圍み藩士を呼出して潜伏の暴徒を交付すべしと演達す彼應ぜず遂に双方發砲且火を放ち殺獲す邸內危急を遁れ品川に走り乘船西下す德川家の戰艦之を追て砲擊に及ひしかとも竟に脫れ去れり尚邸中に殘る所の者を囚て諸家に幽す自是德川島津の間彌相敵視する事甚し

二　松平修理大夫屋敷打拂始末之件

慶應三年十二月

當夏以來御府內幷近在所々へ多人數押込等いたし候者共何れも松平修理大夫屋敷々々へ潜伏時機見合暴發之企も有之よし追々召捕候黨與之者申口にて相顯れ其外野州出流山へ屯集不軌およひ候賊首幷黨與いつれも同人屋敷にかくまひ其外荻の山中大久保出雲守陣屋を燒拂ひ在々所々亂妨致し候者とも迄も公然修理大夫邸へ立入候趣も顯然いたし且此程英國公

使館に罷在候士官船にて三田海邊通行之砌右船之方へ向け鐵砲數發打懸候義等も有之水主申立にては薩邸より打出し候よし殊に去る廿三日夜中三田四國町酒井左衛門尉屯所へ砲發いたし候もの有之候に付同人家來直に追駈候處松平修理大夫屋敷へ逃入其外同藩士とも品々疑敷所業も相聞左衛門尉より追捕之義頻に申立候趣有之通不軌およひ候ものとも其儘被差置候ては府内之騷擾眼前之義にて右は全く首府を動し自然御縣之御兵威をも相撓め候企に無相違相決し候に付右不軌之徒召捕候積御決心酒井左衛門尉人數幷遊擊隊撤兵隊步兵隊等繰出し三田屋敷田町屋敷幷島津淡路守三田屋敷取圍尤惡徒穩に差出し候へは手荒之處置及間敷旨をも精々御申含今廿五日曉より右御申含被置候通惡徒差出し方申談候趣之處不差出而已ならす兼て用意有之候義と相見へ大小砲打出多人數劒戟を振ひ立向ひ候に付隊々よりも砲丸白刄相用ひ遂に戰鬪相成午後第一字淡路守屋敷修理大夫上屋敷とも燒失田町藏屋敷は第四字燒失致し然る處惡徒とも

存外手強く此方にて手負死人有之賊徒之方は討取數十人生捕も數十人有之其餘脱走之ものは品川沖に碇泊之修理大夫蒸氣船へ乘組御軍艦へ向け砲發致し候に付此方よりも砲發およひ候趣海軍方より注進有之候乍併修理大夫藩士にも最前より惡徒同意に無之趣を以神妙に降伏いたし候ものも若干有之右降人は寛大に取計置生捕一同得と御糺可相成運ひに有之候尤在府外國人は何れも警衛爲致別條無之候

三　戸田土佐守等眞岡陣屋警衛被命外二件 慶應三年十二月九日

丁卯十二月九日

宅へ銘々家來呼出可渡書付

戸田土佐守

眞岡陣屋御警衛被　仰付候間人數差出し候樣可被致候委細之儀は御代官山内源七郎ゟ可被談候

○野州出流山邊へ賊徒多人數屯集候趣に付在所有合之人數差出し召捕候樣可致候尤手餘候はゝ打捨切捨等いたし不苦候

戸田長門守

○同文言

秋元但馬守

○同文言

鳥井丹波守

○同文言

私領分野州安蘇郡上永野村役人共より申出候者去月二十八日薩州藩と唱

丁卯十二月九日

へ四拾八人程宗對馬守領分流山村へ罷越滯泊いたし居候之處同晦日上永野村名主武次郎と申者宅へ罷越し武次郎始め外役人共呼出し候上連判狀取出し昨春中新田家來に致加入候者とも名前申聞呼出加入いたし候抔と强談にゐ一同驚入致歎願又候流山村へ罷越し候之由然る處追々人數相集最寄徘徊當分退散之姿相見之不申殊に日々黨類相增候樣子此上何樣之變事出來可申も難計村々一同難澁至極之旨訴出申候當時非常之節人數出被仰付置候得共無餘儀場合に付右人數之內差操領分爲取締差遣し申候段御聞置可被下候以上

十二月九日

米倉丹後守

○

丁卯十二月九日

長門守領分下野國都賀郡栃木表へ薩州藩竹內啓會津元助兩人名前にゐ急

用有之趣去月廿五日千住宿より先觸を以同廿七日夕人數十六人栃木脇本陣源兵衞方へ止宿翌廿八日晝同所出立流山方へ罷越し候趣右に付平常之旅人體にも不相見旨且は此節柄之儀にも御座候間彼地役場詰之者より申越し候此段各樣迄御聞置可被下候以上

十二月九日

戸田長門守家來

長島猪三郎

四　歩兵頭加藤平内出立之達

慶應三年十二月十一日

丁卯十二月十一日

其地爲御警衞歩兵頭并加藤兵内歩兵半大隊大砲二門附屬役々共被差遣昨夜當表出立之事に候此段爲心得相達候以上

十二月十一日

五 薩州藩人と稱する者流山村立越に付屆書 慶應三年十二月十一日

丁卯十二月十二日

今般薩州藩中と相唱去月廿八日上下拾壹人對馬守領分野州都賀郡出流村へ立越觀音參詣之由尤入用之儀人數買揚之爲めにも有之少々之間逗留仕度候間心配に不申旨にて同村へ止宿是と異變之振合も無之候得共追々他領近村ゟも罷越し人數相加り今程百人餘におよひ逗留數日に相成候得ともいまた引立候樣子も不相見段々多人數に相およひ候就ゟは此先如何の氣動可有之哉も難計尤追々常州眞岡宿より今百五拾人ほとも出流村へ着之積左候得は一同上州太田宿へ立越候風聞之趣注進仕候に付此段御屆申上候就ゟは此末之動靜も難計事ゆゑ右人數等差出取締方可仕之處追々御屆申上置候通り御當地諸人數役懸り之者ほか差置不申者役懸り之ものも昨今に至り猶又減少兼役等にて至極人數詰りの事故兼ゟ取締方駈引野州

領分人數をいて手當罷在候とも猶又此節無手抜申付領分紛擾及はさる樣嚴重手配は罷在候此段兼て御聞置被下候樣奉申上候以上

十二月十二日

宗對馬守內

山崎東助

六 將軍二條城より大坂城へ退去及大政返上將軍職辭退之件 慶應三年十二月十三日

丁卯十二月十三日

以書狀致啓上候然は

上樣御事昨十二日夜六時之御供揃にて二條御城發　御今十三日夕七半時前陸路御着坂御入城被遊候扨此程より薩土藝長之四藩各兵器を擁し　御所之周圍を護衛いたし候に付御譜代大名其他御供之面々も同樣二城御城

を固め候次第に至り右様折角之勢を以て日を累ね候ては詰り際限も無之
終には此方奮激之餘り過劇之擧動無之とも難申萬一右様之次第に至り候
而は闕下之騷擾は申迄も無之是迄
上様
王朝に被爲盡候御赤心も泡沫に屬し可申との御懸念より此度御下坂被遊
候は全く人心之鎭撫を深く被　思召候御主意に有之候旨
御奏聞之儘御發　御相成候事に御座候此段不取敢申進候右可得御意如斯
御座候以上

十二月十三日

糟屋筑後守
石川河內守
川勝近江守

朝比奈甲斐守様

江連加賀守樣
菊池丹後守樣
平岡和泉守樣
酒井對馬守樣
杉浦武三郎樣

尙以大坂町奉行支配吉澤峰松探索書寫差進候間委敷御建言之上佛國御滯在民部大輔殿御含み相成候はゝ宜き廉は御書通有之度候此度御下坂之趣は當地より長崎奉行へ可被仰遣候得とも右探索致し候趣は是亦御建言之上委細其御地より同奉行へ御通し有之度候右は但馬守殿御沙汰に有之候

○

今十二日實否承り合候處九日全く左之通被仰出候事相違無之候
此書之寫會府周旋方幾通りなく相認め勢ひ爰に運ひ居候間各樣御左祖御奮發可被成候旨　幕臣始めは相傳へ罷在候事

徳川内府征夷御委任大政返上將軍職辭退之兩條斷然被　聞食候抑癸丑以來未曾有之國難　先帝恐頻年被惱　宸襟候御次第衆庶之所知に候依之被決
叡慮王政復古國威挽回御基可被立候間自今攝關幕府等廢絶卽今先つ假に總裁議定參與之三職を置萬機可被行諸事神武創業に厚き縉紳武辨堂上地下之別なく至當之公議を盡御休戚を同可被遊
叡念に付各勉勵舊來驕惰之汚習を洗ひ盡力報國之誠を以可被奉公事
一内覽　勅問御人數國事御用掛　議奏　武家　傳奏　守護職　所司代
總而被廢候事
總裁
有栖川帥宮
仁和寺宮
山階宮
中山前中納言

議定

中御門中納言
尾張大納言
越前宰相
安藝少將
土佐少將
薩摩少將

參與

大原宰相
萬里小路辨
長谷三位
岩倉前少將
橋本少將
尾藩三人
越藩三人

藝藩　三人
土藩　三人
薩藩　三人

太政官始追々可被興候間其旨可被心得居候事

一朝廷禮式追々御改正可被在候得共先攝籙門流を被止候事

一舊弊御一洗に付言語之道被調見込有之向は不拘貴賤無忌憚可被致獻言候且人材登庸第一之御急務に付心當之仁有之候はヽ早々可有言上候事

一近來物價格別騰貴如何共すへからさる勢富は益富を累ね貧は益貧窮に至り候趣畢竟政令不正より所致民は王者之大寶百年之（脱字）御一洗之折柄旁被惱　宸襟候智謀を殲救弊之策有之候はヽ無憚可申出事

一和宮御方先年關東へ降緣被爲在候得共其後將軍死去且　先帝攘夷成功之　叡願より被爲許候處始終奸吏之詐謀に出御無詮之上は旁一日も早く御歸京被爲在度近日御迎　公卿被差立候

間其旨可被心得候事
右之通確定以一決被　仰出之

七　四國公使より登城面謁の義照會の書翰（慶應三年十二月十三日）

丁卯十二月十四日
今日糟屋筑後守を以て閣下より仰越れし趣之答として余等謹て閣下に願ふ明日即第一月九日午後第二時登　城いたし可申候間右刻限大君殿下余等へ謁見を賜はらんことを望む
千八百六十八年第一月八日

伊太利國王殿下之特派公使全權ミニストル
コウントテラツール
合衆國ミニストルレシデント
アルヒワンワルケンボルグ

孛漏生國王のシヤルゼダツフヱール
フオンブランド
日本にある荷蘭ホリチーケアケント兼コンシユルセネラール
ド、デ、カラーフフアンポルスブルツク

板倉伊賀守閣下

○

丁卯十二月十四日

以書狀啓上いたし候然は昨日
上樣御着坂相成候否英國公使より書翰を以御用之義も有之候はゝ明日何時なりとも登城可仕旨申立候に付卽日伊賀守殿より謁見日限之義は猶是より可被仰入旨御返翰被差遣本日第三時佛公使へ拜謁被　仰付明十五日第十時英公使へ拜謁被　仰付旨御書取を以被　仰出佛公使義本日登城いたし拜謁居候處英公使義押懸け登城いたし候義に付右兩公使一同拜謁被

仰付候米孛伊公使等へも追々拜謁可被　仰付事に御座候
一御書翰御文體御改相成候趣此程申進置候處御書翰上包之所幷上書之認方共別紙之通御治定相成候間左樣御承知可被成候右可得御意如此御座候以上

十二月十四日

糟屋筑後守
石川河內守
川勝近江守

朝比奈甲斐守樣
江連加賀守樣
菊池丹後守樣
平岡和泉守樣
酒井對馬守樣

杉浦武三郎様

八　浪士相州津久井縣附近にて騷亂の注進書〔慶應三年十二月十八日〕

丁卯十二月十七日

浪人共相州津久井縣邊及亂妨候趣注進有之候に付申上候書付

浪人共三拾五六人程人足二三百人程召連相州津久井縣邊及亂妨候趣を以私當分御預所甲州都留郡上野原宿ゟ私出張谷村陣屋へ別紙寫之通り注進有之候に付强壯人共差出し方申達手當罷在候旨申越し候間私石和陣屋に於ゐも同樣强壯人共等へ申付夫々警衞向手當申付置候依之上野原宿より注進書寫一通相添不取敢此段御屆申上候猶追々模樣相分次第可申上候以上

卯十二月

御勘定所

柴田桂次郎

○

差上申注進書之事

今般浪人共三拾五六人程人足二三百人程召連相州津久井縣平野喜右衛門方へ打入候間別紙之通當時上京四郎左衛門方へ紙面到着仕候間此段不取敢奉申上候尤大久保樣荻野陣屋へ亂入いたし右陣屋燒拂鎧抔奪取候事に留守居相傳召連候間跡より家中之面々調金いたし右留守居貰受候趣に御座候夫より下平井喜右衛門方へ今夕七ッ半時打入入湯いたし落着罷在候夫より甲州邊へ心差亂入致し候樣子に御座候間江川樣御手代山田雷助殿綾瀬政右衛門殿方へ出役被成候趣御座候間右之段御注進奉申上候以上

慶應三卯年十二月十六日夜

上野原村

折右衞門

谷村

御役所

九　英國公使より通詞襲撃による抗議書　慶應三年十二月十八日

丁卯十二月十八日

千八百六十八年第一月十二日江戸英國公使館

外國事務執政閣下

余謹て左件を閣下に報す本月十一日午前九時半と十時との間に江戸英國公使館附屬稽古通詞ホッジス幷に余日本小舟にありし時佛蘭西上陸場の近邊にて日本人より發砲されたり其打掛けたる彈丸の內六ヶは小船の上を飛過たり此事に就き閣下親切の所置を爲し給はらは余に於て大悦すへし但し右之趣はシルエッチパークス君へも報告したり恐惶敬白

ション、ジークエイン

一〇 神奈川奉行より右返翰

慶應三年十二月二十日

丁卯十二月廿日

英國公使官

ション、ジークエインエスクワイルへ

以書翰申進候佛國人上陸場近傍おゐて貴國人へ發砲いたし候もの有之候趣貴國第一月十二日附貴翰を以て我外國事務總裁御申越總裁おゐて甚驚愕致され候乍然幸にして無難に過き候段安堵被致候就ゐは速に探索方其筋へ下命致され候此段拙者共ゟ可申進旨右總裁より被命候謹言

慶應三年丁卯十二月廿日

江連加賀守花押

菊池丹後守花押

平岡和泉守　花押
酒井對馬守　花押
杉浦武三郎　花押

○

薩邸討伐記聞

十二月廿三日の夜芝三田四丁目なる市中警衛酒井左衛門尉か兵士屯所に突然來て發砲す兵士驚愕走出て其を逐ふ亂暴者遁れて同所新馬場なる松平修理大夫か居邸に入るを視認歸來て暴者の至る所を報く

同廿四日左衛門尉か長臣松平權十郎より暴行の者討伐の事を閣老內國事務總裁稻葉美濃守に建言す先是去る十一日勘定奉行の手に在方に於て捕縛せし者の口供に共黨薩州邸に潛匿すと白狀せしかは專一頃日共探偵中なるに豈計乎此暴發の事ある上は瞬間も猶豫すへきにあらすと雖曩に內府大政を返上し既に將軍の辭表奉呈中加之內府の留守中なるを以て妄りに府下に騷亂を開くは不可なりと閣老參政の因循左右なく可否を決せす權十郎西城に來り討伐其時機を失はゝ犯人脫走せしも計り難し此機會を外さす賊の巢窟を居らは四方の衆賊滅すへきは必定なり仰願は急速討伐の許可あらん事を迫る其窠狀利害得失判然なるを以て夕刻に至り漸く討伐に決議す

同夜權十郎を始松平大和守、松平和泉守、間部下總守、松平伊豆守、松平志摩守、堀田相模守、福井紀伊守、鳥井丹波守、三宅備後守、牧野伊勢守、遠藤但馬守以上十一藩の家臣重職の者を西丸に徵し大監察木下大內記監察長井筑前守列座一昨夜左衛門尉か兵士の屯所に暴行の賊薩藩に

邸に潜匿す因て彼邸の四方を圍み暴賊遁込を戒嚴し事平穩を主とし藩邸在勤の吏に說諭
し潜伏の衆賊を受領すへきは勿論にて彼無事に付度せは必暴擧すへからす若し彼其說諭
を拒み疎暴の擧動あるに於ては用捨なく討伐を加ふへしと令す各令を奉し討伐は明廿五
日早晨と議定し其決議を大內記筑前守に報く兩監察各藩臣等か稟告を閣老に復命し麾下
の諸隊にも亦出張を令す
同廿五日朝六時過芝新馬場なる薩藩の兩邸及ひ三田小山なる島津淡路守か居邸の兩處に
兵を分配し各其四面を圍み薩藩邸に至り在邸の藩吏を呼出し一昨夜市中警衞酒井の左衞門
尉か兵隊屯所に亂暴の者逃て當邸に竄入す且其他の暴徒も亦邸內に潜匿すと因虜の白狀
に明白なり因て其徒を捕縛し交付を要す若異議あらは止を得す踏入て緝捕すへしと演達
す藩吏然る者邸內に潜伏させしむる事なし猶不審ならせは適意の處置あるへしと所謂手
切れ應接に談判忽破れ發砲す左衞門尉か兵隊より大砲を發し門を破り進入す在邸の薩藩
士よりも小銃を烈しく發し激戰中寄手破烈彈を打入其火を發して四方に散亂す藩士も自ら
放火し其騷擾に乘し數十人塀を乘超酒井家の兵なりと名乘飛下り隣接松平阿波守か中邸
の邊に備へし松平伊豆守か兵隊に忽斬入しかは兵隊不意を討れ應戰大に亂れ隊伍甚散亂
すの其二見間部下總守か手勢も共應援の間なく兩家の兵共に崩れ支へ討つ兵勢も無く一
時此手の固散亂せし空虛を計り邸內の士立退裏通りを徐々と立去りしを德川家の撤兵及
ひ諸藩の兵隊も勇氣も折け心聽せしにや追ひ討んとする者もなく酒井か手勢は表門の方
にありて此手の動靜を知るにあらされは或は塀を乘り堀を潜り遁れ出る者も數十人或は品
川に至り乘船するもあり其脱走の徒金杉の海手田町の內及品川驛橋向等の各地に放火し
田町には其火の爲めに二町程も燒止す在斯騷き紛擾し彌追ふ兵もなけれは途中辛く遁れて
品川より乘船す抑薩藩の流船其日未明より蒸氣を焚き豫め發艦の準備を爲すものに似た
り脱藩士乘入し後堀田相模守か預り守る所の品川海なる五の臺場に向て發砲せしかとも
距離遠く彈丸海中に落て砲臺無事なり德川家の船艦追ひ擊と雖及はす竟に薩藩の流船遙
に遁れ去れり早朝手を分て取圍みし島津淡路守の居邸も一時抵抗の勢ひなりしかは忽發砲
に及ひしに命降り其他薩藩邸內にても抗敵せさる無辜の輩は一度捕縛に就き降人も亦數
十名將た戰爭中双方死傷も少からす總勢夕七時今の午后七時引揚兵燹は翌廿六日曉に至り鎭火す

酒井左衛門尉家臣松平權十郎より暴發の事狀稟告の書及各藩に討伐の辭令書等今記錄せしもの無けれは姑く記聞を爰に揚け載せて其闕を補ひ且其事の槩略を知る栞とす

一一　薩邸へ打入に付酒井左衛門尉家老より屆書　慶應三年十二月廿五日

丁卯十二月廿五日

松平修理大夫樣三田屋敷幷島津淡路守樣三田小山屋敷へ浪士體之者潛伏市中暴行砲發いたし候趣に付取締方之儀昨夜御沙汰に付左衛門尉人數へ酒井紀伊守殿人數差加且爲應援陸軍方御人數幷松平大和守樣松平和泉守樣松平伊豆守樣御人數共今朝六ッ時過罷越種々談判仕候得共不聞入却而彼より及暴發候に付不得止發砲等打合切捨降人召捕人等有之且右兩屋敷共砲火にて燒失仕候尤左衛門尉人數之内にも討死手負等有之惣人數は七半時頃引揚申候委細之儀は猶取調可申上候得共先此段御屆申上候以上

十二月廿五日

酒井左衛門尉家老

松平權十郎

一二　臺場に向ひ軍艦より砲發の件屆書　慶應三年十二月廿五日

今九時過日の丸御軍艦三艘蒸氣を焚内二艘より私へ御預五之御臺場へ四五度砲發致し候内二發は御臺場石垣邊へ玉來り候間夫是手筈仕候内浦賀之方へ走去候樣子之趣陣屋詰家來共より申越候此段御聞置可被下候以上

十二月廿五日

堀田相模守

一三　押捕の者等引渡の件通達　慶應三年十二月廿五日

覺

今日押捕等有之引渡之儀相伺候向も有之候はゝ明日可及差圖候間今晩之處は其儘手當いたし置候樣可達事

但松平肥後守家來相伺候同人屋敷に而押捕候薩藩之儀も同樣之趣可
達事

十二月廿五日

一四　鳥居丹波守へ降人警衛被命書　慶應三年十二月廿五日

鳥井丹波守へ

今日召捕候者幷降人共當分傳奏屋敷へ被差置候に付右御警衛被　仰付候
依之市中巡邏は被成御免候委細之儀は大目付へ可被談候

十二月廿五日

一五　薩藩士益田休之助押捕引渡の伺書　慶應三年十二月廿五日

丁卯十二月廿五日

薩藩留守居付役

右之者今廿五日三田綱坂下屋敷堺板塀より乗掛入候に付押捕申候何れへ
引渡可申哉奉伺候以上

十二月廿五日

益田休之助

松平肥後守内

神尾銕之丞

一六　英人増上寺靈屋觀覽願に付伺書　慶應三年十二月廿五日

丁卯十二月廿五日

以書狀致啓上候然は増上寺
御靈屋拜見之儀に付英人より書翰差出候處日合取違候に付云々御申越之
趣承知則引合およひ候處左候はゝ拜見之儀先つ見合せ可申旨尤此後拜見
相願候節は又改而申出候樣可仕趣をも士官クイン申聞候右申進度如斯御

座候以上

十二月廿五日

接遇所

山崎龍太郎

西城

調役衆

尙以薩屋敷制罰之騷動不一と方大小砲聲盛に御座候

一七　薩藩脫人押捕に付大目付等へ達　慶應三年十二月

大目付

御目付へ

當節惡徒共市中致暴行且野州其外に於て徒黨を結ひ不容易事共取巧候に付此程夫々召捕に相成候處右同志之者は松平修理大夫屋敷内に潜伏致し

居去る廿三日夜市中爲御取締出張罷在候酒井左衞門尉人數屯所へ亂入及砲發候所業難捨置同人より召捕引渡しゝ義及掛合候處理不盡に及砲發候に付無餘儀戰爭相成候就而は猶脫走之輩も難計候間右樣之者及見聞候はゝ速に召捕自然手餘り候はゝ討捨之上早く訴出候樣可致候萬一見聞候とも其儘に差置候者は可被處重科候
右之趣御料私領寺社領共不洩樣可被相觸候
右之通萬石以上以下之面々へ可被相達候
十二月

一八　當分締切の橋名

馬場先　雉子橋　一橋
吳服橋　鍛冶橋　幸橋
山下　赤坂　市ヶ谷

牛込新シ橋　喰違

水道橋　昌平橋　和泉橋

下谷新シ橋

右今晩より當分之内〆切候樣可被致候

十二月廿五日

一九　發砲一件に付英公使への返簡　慶應三年十二月

丁卯十二月

以書狀致啓上候然は先頃佛國人上陸場近傍於て貴國人へ發砲いたし候もの有之候趣貴國第一月十二日附貴翰を以て我外國事務總裁へ御申越之趣有之候間速に探索方其筋へ下命被致候旨御報およひ置候處其後薩摩所持之邸より發砲およひ候に無相違相聞且其他惡事致し候もの其邸に潜伏せる由に付右罪人差出方爲申談候に却而其邸より放火發砲およひ手向ひ候

間接戦および其凶徒を討取又は生捕たり尚右のもの吟味之上貴國人へ發砲およひしもの相分候はゝ追而可申進候へ共此段不取敢得御意候以上

十二月

杉浦武三郎

酒井對馬守

平岡和泉守

菊池丹後守

江連加賀守

ションシークエイン様

本文罪人蹤跡判然せし上にて達すへき積りの由附箋あれとも別に達了の日附なけれは全く廢物に屬せし者なるへし今贅して參考に備ふ

二〇　薩藩人討取・討死・手負等に付届書

慶應三年十二月廿六日

丁卯十二月廿六日

一昨廿四日夜大目付木下大内記御目付長井筑前守より重役之者西丸へ呼出し達有之候に付松平修理大夫上屋敷へ酒井左衛門尉家來中認人數差出し私儀も同樣爲指揮出馬仕修理大夫屋敷南裏松平阿波守下屋敷内へ繰込大小砲發いたし候處敵方よりも同樣砲發および追々接戰に相成候處敵討取人數討死手負別紙之通御座候此段御屆申上候以上

十二月廿六日　　松平伊豆守

○

一討取首　　五ッ

内采幣首　一ッ

一鎗突留　　七八

但首不取

右之外銕砲にて打取候様子御座候不分明に付不記

一鞍置馬　　一疋
一銕砲　但小銃　　五挺
一刀脇差　　三本
一采配　　一
一陣羽織　　三ッ

右之通討取分取仕候以上

十二月廿六日　　松平伊豆守

○

覺

一手負銕砲疵　　金子六左衛門
一同鎗疵　　門奈惣右衛門

一同　斷　三輪彦兵衛

一同　斷　靑木新太郎

一同　斷　五十嵐總之助

一討死　師岡孫三郎
小川榮太郎
成橋十內
鈴木角之助
柏倉嘉傳次

以下之者

一手負銕砲疵　穴原五平次

足輕

一同　高橋祐八

一同　小松幸太郎

一討死

右之通に御座候以上

十二月廿六日

松平伊豆守

鈴木助市
瀧口俊藏
渡金藤五郎

二一　同件に付問部下總守屆書　慶應三年十二月廿六日

丁卯十二月廿六日

兼而被仰付置候通市中巡邏として昨曉卯刻頃差出し候家來之者より芝三田松平修理大夫屋敷放火之趣注進有之候に付右は巡邏持場近邊之儀にも御座候間不取敢赤羽根橋迄出張爲仕同所相固居候處酒井左衞門尉家來之者より手薄之場所も有之援兵之儀賴來候間任其意松平伊豆守人數合併に

而松平阿波守中屋敷へ右人數繰込候處俄に薩州方より及發砲候に付此方よりも大砲小銃を以頻に及接戰暫時向方人數多分相倒申候尤私人數之内討死手負人左之通

番頭
松本市藏
左右之手銕砲疵四ヶ所

物番頭
山口林鹿
右腕銕砲疵一ヶ所

徒目付
有住巳之助
左膝脇銕砲疵淺手一ヶ所

足輕小頭
小泉七藏
面體鐵砲疵深手一ヶ所頭上刀疵深手二ヶ所但討死

大筒方下役
小野寺長次
左首筋銕砲疵深手一ヶ所

足輕

脊に打疵一ヶ所　　堀　廣　次

左腕鉄砲打抜疵一ヶ所　　光　岡　多　吉

左腕鉄砲疵一ヶ所　　三　寺　助　三　郎

同斷淺手一ヶ所　　坂　井　與　三　郎

左首筋鐵砲疵淺手一ヶ所　　樫　尾　紋　次

即死　　小者　一人

右之通御座候に付一と先人數赤羽根橋迄繰上け休息仕居候處降參人有之候間町奉行所迄相送可申旨御目付阿部邦之助より差圖に付松平右近將監鳥井丹波守家來へ申合駒井相模守御役宅へ差出候處評定所へ可差送樣被申聞候に付附添途中無異儀同所へ相送申候今曉寅刻過人數引取申候此段御屆申上候以上

十二月廿六日

間　部　下　總　守

二二　同上酒井紀伊守居書　慶應三年十二月廿六日

丁卯十二月廿六日

覺

一生捕　拾五人

馬預　玉置七太郎　四十四歲

七人積

新番寄　落合惣次郎　三十六歲

六人積

當時落合惣次郎厄介　花崎金藏

五賄

右之者共士分と申事に御座候

五兩三人扶持

同斷

壹人賄

右は中間小者之體に御座候

本道醫師

北村俊宅

五十九歲

留守居組足輕

吉田半藏

同斷

水野弘吉

留守居方觸番

飯島多七郎

製作方觸番

中村淸之進

一槍下打留　七八
内一人首取申候
一鐵砲に而打留　貳人
一武器數少々分取
巨細之儀は猶取調可申上候
右は昨廿五日本家酒井左衞門尉人數薩州三田屋敷打取候樣被仰付候に付私人數之儀は表門より打破前書之通相働申候此段御屆申上候以上
十二月廿六日　酒井紀伊守

二三　同上鳥居丹波守屆書　慶應三年十二月廿六日

丁卯十二月廿六日
松平修理大夫三田屋敷幷島津淡路守三田屋敷へ浪士體之者潜伏市中暴行

砲發等いたし候之趣に付取締方之儀一昨夜御達し有之候に付昨五ッ時過人數出張酒井左衛門尉屯所迄罷越候處直樣右兩屋敷へ差向候尤酒井左衛門尉手へ降人罷出候もの幷に召捕候者受取守衛等も可致旨御目付阿部邦之助より差圖有之候に付別紙之通受取七ッ時過傳奏屋敷へ引取守衛爲仕置候此段御屆申上候以上

十二月廿六日

鳥居丹波守

二四　大岡主膳正押捕屆書　慶應三年十二月廿六日

丁卯十二月廿六日

武州大和田村無宿と

申立候

榮藏

右之者昨廿五日怪敷見請候に付巡邏之家來押捕一應相尋候所當月八日頃より松平修理大夫屋敷内に罷在候旨其外不取留事共申聞候依之私家來警衛町奉行駒井相模守御役宅へ差出申候此段御屆申上候以上

十二月廿六日　大岡主膳正

二五　酒井左衛門尉家來同件に付屆書　慶應三年十二月廿七日

丁卯十二月廿七日

覺

檜本孫一郎　彌口才之進　新原健之助

郡司直助　中島七郎　中島調次

前田源兵衛　郡司慰十郎　相川惠兵衛

小島萬藏　齋藤利兵衛　恒谷半兵衛

相川惣藏　赤塚一郎右衛門　兒玉佐兵衛
內田淸吉　橋本德次郎　中武次右衛門
岩本幸兵衛　田中金次郎　田中鐵藏
田中玉次郎　柴山良助　堀勘兵衛
兒玉孫右衛門　伴太郎左衛門　本郷七之丞
入江駒之丞　齋藤八郎　細井猶壽
川島四郎左衛門　堤彥太郎　澁谷龍德
半田源太郎　山本辰次郎　齋藤直次郎
玉置周司　桑山甚助　玉置健藏
比野友吉　前倉武一　宇都武右衛門
八木平太郎　八木善八郎　柳瀨半助
比野音吉　深瀨堯藏　闕　助之進
安藤武八　杉田善次郎　川口源次郎

前田勇吉　村岡誠之進　川口源藏

齋藤八郎妻　同人子供三人　下女　壹人

中間　拾七人

右之通御座候以上

○

一甲冑　壹具

一具足　壹領

一大小　三拾六本

一槍　貳本

一大砲　壹挺

一小銃　拾八挺

一馬具　一ト通

一玉入胴亂　三つ

一玉箱　　　　　　　　　　　　　　　　　　貳つ
一火薬　　　　　　　　　　　　　　　　　　七樽
一玉薬入兩掛　　　　　　　　　　　　　　　三荷
一同小長持　　　　　　　　　　　　　　　　一棹
一紙入　　　　　　　　　　　　　　　　　　三つ
一胴亂　　　　　　　　　　　　　　　　　　貳つ
一金貳拾五兩包　　　　　　　　　　　　　　四つ
一鞍置馬　　　　　　　　　　　　　　　　　七疋

右は一昨廿五日松平修理大夫様屋敷にて戰爭之節打取切捨之もの所持之品其儘にも難捨置先御引揚置申候如何可仕哉此段奉伺候以上

十二月廿七日

酒井左衞門尉家來

岡田五十馬

二六　酒井左衛門尉より同件の屆書　慶應三年十二月廿七日

覺

一討取　拾六人
一切捨　貳人
一召捕　壹人
此分傳奏屋敷にㄜ御徒目付へ引渡申候
一降人　四拾貳人
此分鳥井丹波守人數へ家來之者より申談場所引渡申候
一召捕　三拾貳人
此分前同斷鳥井丹波守人數に引渡申候
右之通御座候以上
十二月

○

一昨夜不取敢家來之者より及御屆候通り松平修理大夫三田屋敷島津淡路守小山屋敷へ人數差出候節拙者家來討死手負之者別紙之通に御座候此段御屆申達候以上

十二月廿七日

酒井左衞門尉

○

覺

討死

砲事司令
中世古仲藏

鐵砲疵重手

砲手徒
川俣勝太夫

同

同淺手　小竹恒吉
同
同　岸常太郎
同
同　板垣時之助
足輕
同　鈴木珍吾
同　佐藤庄助
同　庄內權六
同　大瀧繁次

右之通御座候以上

十二月

二七　關所通行の件に付達書　慶應三年十二月廿八日

丁卯十二月廿八日

關所々々通方之儀に付當七月中相觸候趣も有之候得共今般別紙之通相達し候に就ゐは關所においても出口關門々々にて相渡し候切手被致加印右切手又は主人重役等之斷書所持致さゝるものは不相通尤當時旅行中にて今般相觸候趣も不相解分は得と糺之上怪敷儀無之候得は右切手所持不致候ゐも相通し候筈に候

右之趣萬石以上以下之面々へ可被達候

二八　市在取締の爲め臨時關門設置の件達書　慶應三年十二月廿八日

一市在取締之爲當分之內御府內出口所々へ關門御取建相成諸士之分は其主人又は重役より何方へ家來幾人差遣し候旨斷書百姓町人は所役人之添書持參無之においては出入共一切通行差留尤斷書添書は關門にて相

改疑敷子細も無之候得は於同所切手相渡し候間關門打越候ゐ右切手所持不致旅人は御府内は勿論道中筋幷在々にても決ゐ旅宿爲致間敷且右改を不受押ゐ通行可致者仕來又は旅行切手所持不致旅人は無用捨召捕若手向およひ候はゝ切捨候筈に候尤當時出府途中にて關門通行方不相解者共は關門おゐて篤と相糺し疑敷筋無之候得は相通し候筈に候

右之趣御料私領寺社領共不洩樣可被相觸候

右之通萬石以上以下之面々へ可被達候事

二九　薩邸騷動に付米國公使館員より書翰　慶應三年十二月廿八日

丁卯十二月廿八日

第六號

千八百六十八年第一月二十日神奈川(横濱)に在る合衆國公使館に於て

江戸外國事務執政等々々

小笠原壹岐守閣下に呈す

神奈川奉行より昨日公報せられし江戸にての當日の事件はマゼスチー大君政府と大名一致の兵の公戰にして大名方の頭取は薩摩侯にて之あるよし此事は大切なることなれば閣下より務めて速に其詳説を余に告知し給はんことを閣下に乞ふは余に於て適當の事となす

來る廿五日には合衆國の郵便蒸氣船此港を去りて桑方濟格《サンフランシスコ》に赴くへし是に由て余其港桑方濟格港を言ふより直に傳信機を以て近日の報聞を華盛頓に通達せしめんとす又華盛頓にては其日より凡廿一日許を過くる頃に之を得て其後一二日中に又傳信機を以て之を倫敦《ロンドン》及ひ巴黎《パリス》に報道すへし此の如くするときは亞米利加の道路を經て日本方今の事情を他の道路を傳ふるより早く三四週中に右の三大府に通報するを得へしとす

是故に余か右事件の全備せる公報を一時も早く得んと要するの大切なることを閣下の領解し給はんこと疑なし是を以て成るへくは來る廿五日卽

ち郵便蒸氣船出帆の日の前に右公報を贈り給はるへし
合衆國政府は日本との間に在る親睦の情を誠實に增盛せんことを希望するが故に方今のマゼスチー一橋公政府と取結ひたる條約を直實良善に完了すへき望を以て政府の爲に有益なる說を外國に贈らんかため緊要なる報告をなし且貴國の利益と當然の理を促かすに最も適當すへき趣意を以て西洋諸大國と其事件を裁決し又其威權を應用せんと樂むへきは余之を疑ふことなし
余此書翰の寫を大坂に在る亞米利加のミニストルに送るへし是故に閣下も又大在に在る閣下の同僚此譯文を送り給はるへきを願ふ恐惶敬白

アル、セ、ポルトメン

三〇　江戸市中取締の儀松平大和守へ達書　慶應三年十二月廿九日

丁卯十二月廿九日

宅へ家來呼出可渡書付

松平大和守

當節市中物騷ケ敷に付町々巡邏致し假屯所之內へ夜中家來共爲詰切持場を定め繁く見廻り盜賊其外怪敷ものの見掛次第速に召捕若し手向いたし候はゝ討捨候而も不苦候且又非常之節は兼而相達し候場所へ人數引揚御警衞筋差支無之樣可被致候見廻り場所幷に屯所等之儀は町奉行へ可被承合候尤酒井左衞門尉堀田相模守鳥居丹波守へ申合候樣可被致候

三一　同件に付堀田相模守等へ達書　慶應三年十二月廿九日

丁卯十二月廿九日

宅へ酒井左衞門尉堀田相模守鳥居丹波守家來

呼達之覺

市中物騷敷候間町々巡邏致し假屯所之內へ夜中家中爲詰切相廻り場所等

之儀町奉行可被承合候旨松平大和守へ相達酒井左衛門尉堀田相模守鳥居丹波守申合候樣是又相達し候間得其意申談候樣左衛門尉相模守丹波守家來呼出可達事

○

市中巡邏被　仰付候間松平大和守酒井左衛門尉鳥居丹波守申合可被相勤候非常之節御警衛之儀は是迄之通相心得雉子橋御門外屯所へ相詰候人數之内より差出候樣可被致候委細之義は大目付御目付可被談候

堀田相模守

○

市中巡邏被　仰付候間松平大和守酒井左衛門尉堀田相模守申合可被相勤候依之和田倉御門番御免被成候委細之儀は大目付御目付可被致候

鳥居丹波守

三二　同件に付酒井左衛門尉へ達書　慶應三年十二月廿九日

丁卯十二月廿九日

宅へ松平大和守酒井左衛門尉家來呼達之覺

堀田相模守鳥居丹波守市中巡邏被　仰付候間松平大和守酒井左衛門尉申合可被相勤旨相達候間得其意申談候樣大和守左衛門尉家來可達事

三三　賊徒討伐の報告　慶應三年十二月廿九日

丁卯十二月廿九日

報告之覺

近頃一兩月前江戸より北之方に相當候下野いつる山に屯集いたし居候賊徒等其近所劫掠致し又南之方相模荻之山中と相唱候大名之陣屋を燒き其儲資を奪去り候兇匪も有之其他江戸市中にも火器槍刀を携へ夜陰に乘し行人を劫し富商豪家等へ押込强盜致し候ものも有之其蹤跡を相尋候に皆

薩摩の邸中に潜匿致し候義明白に有之候處江戸市中取締之爲諸大名之衞士諸所へ番衞致し候内就中三田酒井左衞門尉手之衞所へ夜中銃射致し候もの有之に付即時其跡を追隨いたし候處是亦薩摩之邸内へ逃込殊に英國公使館之士官小船にて品川灣の海濱を漕行候折柄薩摩邸之背面より放發致し候義も有之惡徒潜伏之徵瞭然に付當月廿五日西洋第一月十九日我政府より緝捕之兵士差向け使を其邸中へ差遣し前條之罪を鳴らし其罪人を引渡可申旨懸合中其屋敷を自燒致し火器を放ち槍刀を揆ひ敵對致し候に付我政府之陸軍兵士及ひ在江戸之諸大名之兵を以て討伐致し討取生捕降參人等許多有之其他品川灣にも右薩摩之船壹艘繫泊いたし居脱走之賊徒同船へ追々逃込候に付追擊として我政府之軍艦差向候此段報告及ひ候

一右戰鬪中脱走致し候者も有之候に付追捕方精々手配致し置候へとも萬一外國人等附覘ひ殺傷等相謀り候もの可有之も難計と政府於て深く懸念致し候間尚右非常之警備も夫々處置致し候義には候へ共貴國人にも

可成丈遊步等は見合せられ候樣致し度は勿論無餘儀出行致し候節は銘々護身之用意有之度候

前に掲載の報告書は在橫濱の各國岡士に布達の書なるよしは舊記に記載あれとも送致の顚末を記さゝれは詳にするに所由なし今推考ふるに當月廿五日薩邸討伐の事ありて卽時次に載する顚末書以て大坂なる舊幕府に注進す同廿八日米國書記官アルセボルトメンより薩邸攻擊の事狀を質問し來れは次の顚末書の旨趣を以回答の草案を作り小笠原壹岐守に進達す壹岐守意見なく同晦日二時限りの急便を以て差達す于時各國公士は兵庫開港商議として在坂中なるを以て報知の書翰案を作りしは左に載する丁卯各國往復書翰取扱記に詳なり

十二月晦日仕出

一在坂英佛米孛蘭丁伊公使へ過日薩邸方ひて賊徒緝捕之顚末被　仰遣候御書翰案

同日七百二番廻し出す

同廿九日文段取直し同番にて再ひ廻し出す

同晦日進達五百七拾番にて壹岐守殿へ上る

辰正月二日御書翰下り對州御上坂便御持參御同人順動御乘組に付

森下直次郎乘切にて波戸場へ持參夫より右御船へ相屆候事（此草案今散佚す）

右之文に據て考ふれは酒井對馬守上坂として戊辰正月二日乘艦の後同日書翰案を下け施行すべき旨の下知に因て森本直次郎鞍馬を馳せて波戸場に持參順動艦に達す對馬守收領開帆大坂に至る然るに同三日於大坂は閣老より各國公使に薩藩の兵器彈藥艦船の販賣及令官兵卒等を貸するの所行なかるへしとの書翰を達了將其日晚刻に至り舊幕府上京の先驅鳥羽街道四ツ塚の關門を通行せんとす衛門の官兵薩摩勢これを許さす遂に發砲戰爭となり對馬守か着坂の頃は騷擾の最中にて既往の薩邸事件を報知の余暇もなけれは携帶の書翰案も其儘廢物となりしなるへし其原稿江城外國局の往復書翰留に載せす僅に取扱に前の記錄あるのみ因て姑く江戸より大坂に報知書を次に載せて後考の一端す

に供す

三四　同上神奈川報告書　慶應三年十二月晦日

丁卯十二月晦日

神奈川報告

我神奈川鎭臺之名を以て今朝第六時江戸外國局より得たる所の新聞を左に報告す

出流山に屯集し近郷之民を劫掠し又頃日其黨之者江戸の南方相増に在るカギノ近傍なる大名の陣屋に押入り其儲蓄を奪掠して其陣屋を燒拂ひ又夜中火器刀槍を以て都下の人民を劫し富商の店舍を侵せり

右之兇徒を追跡するに盡く薩藩之屋敷に入れり又三田に在る酒井左衛門尉の屯所を擊ち及ひ英國公使館附士官の乘組たる舟に銃射せるも皆薩摩の屋敷より打出せる處や

右の兇徒等其屋敷に屯集せる事明白なるに寄り昨日卽本月十九日一隊の兵を備へ使を屋敷に送り盜賊を引渡すへき故を言入れたり然るに此命を奉せす使者の首を切り屋敷に火を掛け政府の兵隊に向て砲火せり依て政府及ひ大名の兵隊を以て屋敷を取圍み屋敷內の者と邸外に在る兵士と戰爭に及へり

使之者江戸を出立せる時猶戰爭最中なり

政府は薩摩の大守と戰ふの意なし只屋敷中に潜伏せる賊を捕るの外他意なし

千八百六十八年第一月廿日神奈川居留地取締局におゐて

居留地取締役頭取

マルチンドーメン

三五　外國奉行よりポートマンへの書翰　慶應三年十二月晦日

丁卯十二月晦日

以書狀致啓上候然は貴國第一月二十日附を以外國事務總裁宛被差越候御書狀中當月廿五日江戸於ゐ戰鬪起りし事に付貴國と我政府とゝ條約を眞實良善に完了可被致爲め我政府に取り有益なる說を歐州各國に報告し給するへき旨其餘縷々御申越之趣總裁にも委曲領解感謝被致候尤御書狀之文面にては江戸政府と諸大名一致之兵と交戰いたし松平修理大夫其大名之主長たる樣誤聞被成候哉に相候へ共右は三兩月以前より江戸市中於ゐ夜陰富饒之家に立入强盜におよひ行人を劫し衣服貲財を剝取狼籍之所行候もの許多有之江戸北郊下野出流山に嘯聚いたし其最寄村落を劫掠し南郊荻山中と唱候一小大名の陣屋を燒其儲蓄を奪掠せし兇徒等も有之追々其黨を緝捕せしに同志之もの松平修理大夫の邸に潛匿候由供狀明白に有之候上此程江戸市中取締之爲出張いたし居候酒井左衞門尉人數屯所へ夜中銃射およひしもの有之其蹤を追尋候處是亦同邸に立入候を慥に見受候

に付右兇徒召捕引渡方同人より懸合及ひ多人數を備へて懾伏自屈せしめんと計りし處承伏不致而已ならす却て邸中より發砲放火抵敵いたし候に付不得已此方にも戎器を用候樣相成竟に江戸政府之陸軍數體幷に在江戸大名數家之兵隊をも差向け同家に相屬候邸宅數所取圍同家家來之もの共數百十人討取生捕等有之猶品川沖に繫泊いたし居候同家の蒸氣船に脫走候ものも有之候に付此又江戸政府之軍艦を以追擊爲及候處竟に逃亡いたし候尤同家々來之內にも右惡事に不携もの共も不少自訴降を乞候もの等は固より深く罪すへきものに無之間此方おゐて吟味之上夫々處置可及存候國內多難之折柄猶前文之如き異變も有之外國交際筋等も不都合を生し可申哉と深く憂慮いたし居候間貴樣おゐても其邊之處篤く配慮を被加猶御心附之儀も有之候はゝ御忠告有之候樣所希に候且書狀譯文は任來意早速總裁ゟ大坂表執政等へ被差送候積に候此段總裁之命に依り申進候以上

十二月晦日

杉浦武三郎
酒井對馬守
平岡和泉守
菊池丹後守
江連加賀守

アルセポルトメン様

○

（參考）

先是尾張前大納言越前宰相下坂
朝旨を傳ふ徳川内府　前命を奉し政府の經費は全國に課するに非されは不可なりと陳ふ兩侯論して參　朝を勸む内府奉命す兩侯尙參　朝の行粧小隊微行にて入京あらは衆心を安し可なるへし若戒心あらは兩家兵を出して必　不虞に備へん努々念慮ある事勿れと諭す内府心に危ふめとも辭すへきなられは其言に同す初め内府の下坂するや新徴組の長近藤勇土方歳三等を留む其他徳川家の兵隊も尙同所に次する者數百名人其淹留を怪む因て此時田中國之輔鷲津九藏等　徳川の將吏永井玄蕃頭塚原但馬守等に今巳に内府參　朝に決す宜しく伏見の兵を撤れ
叡慮を安んする事肝要也と順逆を陳述して説示す玄蕃頭但馬守も共に然りと諾せしかとも竟に行ふ事能はす斯て兩侯大坂を發し本日二侯内府に代て奉命の書を捧く
内府尾張越前二侯に説かれ諸代諸臣の不服を鎭壓し則　朝旨を奉命せしと雖未た心に疑惑する所ありて欝然として安んせす二侯の歸るや城中の將士異論紛紜上下沸騰す于時去る

廿五日關東に於て薩藩本末兩邸討伐の顚末を報け來る各此報を聞事已に于此に至り今は何をか躊躇すへきと彌過激の說を建つ內府も去る九日兼ての勅諚に反し諸藩の衆議も待たす僅に在藩の三四藩にて　朝政の變革を疑ひ去る十九日戶田大和守を以て奏議に及ひしに今又關東よりの報告を聞　薩藩天璋院の緣あれは親藩に均しきを忘れ睥睨の處置を爲すは其臣下の所爲なるへしと深く疑を懷くの半夜陰に至り松平肥後守松平越中守閣老酒井雅樂頭板倉伊賀守同格松平豐前守參政竹中丹後守永井玄蕃頭等內府の　朝旨を遵奉するたに慊しせさるに扈從を減し微行を勸むる二侯の底意も疑なきに非す請ふ必尾越の言を信する事勿れ今度の上洛は天授の僥倖此擧を以て君側を淸めすんは何れの日か其期あらんと臣等死を決して事を遂けんと激論沸騰勢今は止むへきに非す內府も諸將士の煽動に漸く心動き忽議一變して軍隊を帥ゐて上京に決し專其準備をなす其實は內府も九日の事件より聊疑心ありて欝悶なるに會藩騤りに桑名を皷舞し兩藩同一して內府の將士を嗾し竟に內府を左道に引入れ一時逆賊の名を取らしめ已に家名を滅せんとす內府の將臣下も僉く可とするにあられは止んとすれとも激論猛烈制するに力なく首を疾しめ額を蹙め大に嗟嘆し天を仰きて歎息する而已

三六　岡田安房守在陣被命に付其地知行者等へ觸書　慶應三年十二月晦日

丁卯十二月晦日

今般下總國布佐村陣屋へ岡田安房守在陣被　仰付安房上總常陸國御仕置筋之儀取扱候に付而は萬事差圖可被請候萬一非常之節は勿論平常とも人數入用之節は最寄居城幷陣屋有之面々へ相達に而可有之候間兼而其段相

心得達次第人數可被差出候
右之通安房上總下總常陸國に領分知行有之面々へ可被相觸候
十二月

○

今般下總國布佐村陣屋へ岡田安房守在陣安房上總下總常陸國支配國々被
仰付公事出入其外小給所取締向等之儀先達而木村飛驒守上州岩鼻へ在陣
に付追々相達候通り安房守義も同樣取扱候筈に候間得其意同人へ可被談
候
右之通安房上總下總常陸國御料幷領分知行有之面々寺社領共不洩樣可被
相觸候
十二月

内國騷亂局外中立一件卷二

一　松平太郎等より栗本安藝守への書翰　明治元年正月二日

戊辰正月二日
以書狀致啓上候春寒之砌御座候得共
民部大輔殿益御機嫌能貴樣愈御安泰珍重之御儀と存候然は十二月六日
塚原但馬守殿若年寄並外國惣奉行被　仰付候
一同月七日大坂御開市兵庫御開港相成申候
一同月十九日松平豐前守殿御老中格永井玄蕃頭殿若年寄被　仰付候
一同月廿一日近江守外國惣奉行並筑後守外國奉行太郎外國奉行並被　仰付候
一同月晦日酒井雅樂頭殿加判之列上座被　仰付候

一御書翰御文體之儀に付英國書記官申立之趣も有之西洋一月一日より別紙之御體裁に各國御往復共相成候間為御心得寫差進申候

右可得御意如此御座候以上

正月二日

松平太郎

糟屋筑後守

石川河内守

川勝近江守

栗本安藝守様

猶以別紙三輪酒泉穂積より之三封差進申候右は原市之進御用箱より見出し候趣榎本對馬守申聞拙者へ相渡候兼而御承知之凶變も有之候儀に付延引いたし候事に御座候

二　川勝近江守より栗本安藝守への書翰　明治元年正月二日

以內狀致啓上候然は　上樣御事去卯年十二月十二日俄に御供揃被仰出二條御城發　御十三日夕七ッ半時前陸路大坂表へ御入城被遊候扨右之次第は其四五日前長州兵隊三條實美等を護衞いたし歎願之儀有之候趣にて西の宮へ海路罷越京都表人心不穩候折柄九日に至り薩土藝尾越之人數戎裝にて御所相固め　上樣御事將軍職御辭職之儀被　聞食會津桑名をも守護職所司代御免被　仰付候に付其他御供之面々は勿論二侯家來初在京諸侯人數二條御城を護衞候次第に至り候間右樣犄角之勢を以日を累ね候ては詰り際限も無之終には此方奮激之餘り過劇之擧動無之とも難申萬一右樣にては　闕下之騷擾は申迄も無之是迄上樣王朝へ被爲盡候赤心も泡沫に屬し可申との御思召にて全人心鎭撫之爲御奏聞之上御下坂相成候事に有之委細は別紙　御奏聞書但此御奏聞書は各公使へは御達無之候幷風聞書寫等にて御承知可被成候然る處英佛米伊孛蘭公使共大坂

御開市兵庫御開港に付上坂罷在右御下坂之趣承り及拜謁願出候に付御聞屆相成十四日一同拜謁相濟言上幷上意之趣有之是又別紙差進申候其後に至り京都表にては五藩之者種々矯　勅施行之件々有之候趣に候へ共既に互に間隙を生し折合不申由尾州前大納言殿松平大藏大輔は廿六日下坂いたし拜謁建言之趣有之又々上京いたし候且十二日晦日近々御上京之趣被　仰出御先き供之面々幷會桑人數等は本日上京之向も有之候付ては追々御鎭撫之御方略も相整ひ候儀と存候間深く御心配之儀には有之間敷存候尤昨今は薩孤立と相成初め同志之四藩も薩之談判をも請不申事に相成申候

一別紙風聞書に有之候通陸軍諸士は勿論會桑二藩其外細川藤堂等は總て大奮發にて銘々建言之次第別紙之通御座候て人心之嚮背は視掌之如くに有之既に當地おゐて去月下旬遊擊隊之者四人にて巡邏いたし中ノ島薩州屋敷前にて同藩士三人に行違事端引起し斬合候處薩人壹人は屋敷

へ逃込壹人は深手を負ひ逃去壹人は及殺害候處屋敷より救援之者も不差出候に付右殺害いたし候者片腕を斬取刀を相添分取いたし歸り候趣にて右之儀達　上聞首切之者へ拾兩右分取之刀其他之者へ七兩宛恩賜御座候右等は士氣之相振候一端と存候

一江戶表市中去夏中より兎角物騷ヶ敷押込辻切等いたし候者有之且近在野州相州邊へ屯集之者有之候處薩州屋敷へ集り居候趣に付酒井家より申立十二月廿五日同屋敷へ召捕之者御差向け相成終に鬪爭と相成申候委細は別紙にて御承知可有之候

右申進候間民部大輔殿へ可然廉々は御申上有之度存候此段可得御意如斯御座候以上

正月二日

川勝近江守

栗本安藝守樣

三　薩藩士の儀に付秋月長門守家臣の書翰　明治元年正月二日

戊辰正月二日

松平修理大夫家來
堤　伴　之　進
堤　龜　太　郎
同道
最　上　寺

右三人今日晝後留守居方へ罷出別紙兩通長門守家來堤團之進續柄には無御座候趣に御座候得共兼而御觸達之儀も御座候間如何相心得可申哉此段奉伺候以上

正月二日

秋月長門守家來
園　井　誠　助

四　薩藩士堤件四郎外二名より秋月右京亮留守居へ願書　明治元年正月二日

奉願上候口上覺

私供儀今般變動之儀に付緣旦那寺白金最上寺迄一統立退罷在候依之右最上寺附添にて次第柄を書面に認寺社奉行御役所戸田土佐守樣へ（マヽ）之儀去月廿九日相伺候處同寺に一統謹愼潛居罷在可申旨被仰渡候然る處晦日御呼出に付住寺同道にて罷出候處御構無之に付早々國元成大坂成出立可致樣被仰渡候右に付主人修理大夫京都に罷在候間京都迄出立仕度奉存候然る處先達て騷動中火急立退路用金子其外私具指當入用之品々過半殘置相失進退十方に暮如何共可致樣無御座難澁至極奉存候依之格別之御憐愍を以京都迄罷越候樣被成下度奉願上候勿論京着之上主人修理大夫へ申聞早々御挨拶御座候樣可仕候何卒出格之御取計

を以願之通被仰付被下候はゝ冥加至極難有仕合奉存候此段奉歎願候以
上

慶應四辰年正月二日

松平修理大夫家來
堤　伴四郎
長勝　判
同　伴之進
長應　判
同　龜太郎
爲安　判

秋月右京亮樣
御留守居中樣

前書一統より奉歎願候趣出格之御取計に預り殊に當
御屋鋪樣には堤氏之儀は御由緒も御座候趣承知仕候荒增之義は取認相

添申上候間幾重にも御助成相叶候樣奉願度且家族多難澁罷在候譯拙寺も承知仕居候に付奥書奉歎願候以上

増上寺下屋敷
白金
最上寺

私共先祖堤伴九郎長賢は元祿年間秋月長門守樣御譜代之者に御座候處主人家久公代より被召出當時私共迄六代に相成奉公罷在候御當家樣にゐ堤圍之進に御座候荒増家筋由緒書此段奉申上候以上

辰二月
堤伴四郎

同　伴之進

同　龜太郎

五　竹中丹後守より松平豊前守等へ戰況報知の書翰　明治元年正月三日

戊辰正月三日

過刻申上候通り今夕刻手配圖面取調中先方より打かゝり俄に戰爭始り只今最中所々放火何分手配中相始り意外に手間取困り申候乍去勝利は無疑候間御安心可被下候扨大砲車眞棒折候も有之候間何卒大砲繰出御差向可被下候拙生出船之節昨夕なり河津三郎太郎大砲隊召連着坂候に付藏屋敷打拂候はゝ繰出候積申付置候へ共四日曉打拂に相成候ゐは遲く可相成候間其御本陳より急速被仰遣其地之大砲御繰出奉願上候以上

三日夜七時五分

竹中丹後守

松　豊前守様
塚　但馬守様

模様に寄追打いたし候積尤付込追討々々と下知最中に御座候以上

六　江戸薩邸取締人差出の件松平伊豫守家臣への達書　明治元年正月三日

戊辰正月三日

松平伊豫守家來へ

芝新馬場松平修理大夫屋敷内へ當分之内爲取締番人差出候樣可致候委細之儀は大目付御目付可承合候依之島津淡路守屋敷内へ番人差出候義は被成御免候

七　同上井伊右京亮への達書　明治元年正月三日

井伊右京亮

高輪松平修理大夫屋敷内へ當分之内爲取締番人差出候樣可致候尤木下内匠助へも同樣相達候間可申合候委細之義は大目付御目付へ可承合候

八　江戸薩藩邸へ取締番人差遣すへき旨木下内匠助家臣へ達書　明治元年正月三日

木下内匠助家來へ

高輪松平修理大夫屋敷内へ當分之内爲取締番人差出候樣可被致候尤井伊右京亮へも同樣相達候間可申合候委細之義大目付御目付可承合候

戊辰正月三日

九　薩藩士爭亂鎭定の際に付兵器日本政府之外賣渡を禁止の件各國公使へ書翰　明治元年正月三日

○本文は本書四十四頁「一於大阪閣老より各國公使への書翰」と同文に付

尙略し、次に「參照」文丈揭ぐ

○

返翰米孛は本月四日の條に載す其他差越すや否を詳にせす

此書に答へし各國公使よりの返翰今僅に米孛兩國公使の回翰に書存する而已にて其他の各國より來たせし回翰は所見なし顧ふに此時に當り兵馬の騒擾に際し記録の餘暇なく其儘の散逸せしか又は一旦記録せしものありしも騒亂の爲に散失せしにはあらずや京坂に使ての記録今存するもの少く當時の時状なり詳にする所由なし抑當時英佛米蘭伊孛の六公使舊臘より上坂し舊幕府に逼て兵庫居留地の商議及江戸大坂開市の事件且新潟開港督促の談判の爲各同地に滯留中豈計乎舊臘廿五日江戸に於ては同所三田なる薩摩の藩邸討伐の事あり當早春　召に依て上京の先駈鳥羽伏見兩道に於て兵端を開き忽兵馬騒亂の變に臨みしより僥倖各國公使坂地に在りしを以て在坂の閣老酒井雅樂頭板倉伊賀守松平豐前守連署の書翰を送致せしなり然るに是月十五日　勅使として東久世少將兵庫に下向各國公使と對話　勅諭を縷述し　詔書を授け更に舊に依て交誼を繼せらるの　朝命を傳ふ各國公使　勅諭を拜諾し　詔書を奉受せしより同廿一日に至り朝廷より徳川慶喜叛逆云々に依て不日征討使を下さるゝを以て慶喜は勿論其他慶喜に服從の諸藩の爲に兵器軍艦等を買付し或は軍刀を授くる等の事勿からしむべしとの書翰を送致ありしを以て各國公使等も其旨趣を體認し各當時駐在の臣民等に局外中立を布告す然るに是年四月に至り奥羽の諸藩一時方向を誤り各其本領に割據し大に官軍に抗するの勢あるを以て征討の軍を差向けらるゝに際し肥前藩軍勢發遣の爲横濱に於て米國の汽船を雇はんとす先是舊幕府より米國に依賴し製造したる鐵甲船落成横濱に來着せしを朝廷に收領せられんとの應接ありしかども局外中立を主張し容易其船を付度する事を諾せざりしに又軍勢運送の所用に供する船を貸すは中立不備の公法に悖ると拒辭し竟に其依賴を破毀す其後　朝廷よりも局外中立を解かざれば鐵甲船收領に支障ありと書翰の往復

數回且應接も亦數を重ぬと雖彼更に肯せす奥羽の各藩歸順謝罪の實効判然なるを以て其罪を宥して寛典の所置ありし旨を各國に報知且岩倉副總裁よりも書翰を送致せられ同年十二月廿八日に至り局外中立を解くへしとの布告其臣民に布令せし旨の書翰を各國均しく來たす于此於て初て是年早春以來の中立全く解散し翌明治二年正月に至り鐵甲艦を付度するに終り其事件の大團圓に至れり元年四月以降の事狀は外務纂要及戊辰局外中立顚末等に詳なれは省きて于此贅せす對照して首尾を詳にすへし

一〇　和蘭商社荷物に付同國岡士より大坂奉行への書翰　明治元年正月四日

戊辰正月四日

第十一號

和蘭副岡士館

大坂千八百六十八年第一月廿八日我正月四日

一拙者來坂之砌凡金六萬兩程之價有之候和蘭商社之荷物持越候處拙者住家最寄相應の土藏無之候に付今曉燒失致し候薩州侯屋敷內之土藏へ入置申候然る處右荷物入置候土藏は燒失致し居不申趣承り大慶之至御座

候乍併右土藏未た燒失不致且亂妨等無之候內に如何樣と歟被成下候樣致し度右荷物は實に危き事に御座候間今日中無滯拙者方へ持越候儀尊下へ相願候右土藏鍵は拙者所持罷在申候勿論右荷物は尊下御掛念無之場所へ御差置被下候儀希望罷在申候謹言

和蘭副岡士
ベエピストリユス

大坂町奉行尊下へ

一一　同件に付外國奉行の書翰　明治元年正月

書面一覽勘辨仕候處町奉行申立之趣尤に相聞奸商之所業にて條約面違背判然之儀に候間罰し方申談相當之筋と奉存候間都て申立候通取計候樣被仰渡可然奉存候

辰正月

川勝近江守
石川河内守
糟屋筑後守
松平太郎

一二　大久保出雲守家臣の届書

明治元年正月四日

戊辰正月四日

出雲守領分
駿州駿東郡柳島村
百姓權右衞門悴
新右衞門

右は今朝御届申上候通評定所へ差出し候處御吟味中出雲守家來へ御預被成候旨木村飛驒守樣被成御達候此段御届申上候以上

正月四日

大久保出雲守家來
堀内又兵衛

一三 薩藩士押捕に付大久保加賀守家臣の屆書 明治元年正月四日

戊辰正月四日

松平修理大夫樣御家來脇田一郎と申者秋月長門守樣御家來水筑弦太郎鈴木來助差添長門守樣御家來名目にて東海道爲差登候間召捕大目付木下大内記樣より御達に付急速夫々手配申付候處領分通行後に付江川太郎左衛門樣へ申通加賀守家來差出候處東海道おゐて太郎左衛門樣御手筋にて右三人外に水戸樣御藩之趣申立候船山專助と申者召捕右追手に罷越候家來之ものへ引渡候間道中警衛申付今日着仕小出大和守樣御役所へ御引渡申候加賀守在邑中に付此段御屆申上候

正月四日

大久保加賀守家來
武川仲助

一四　米國公使よりの返翰　明治元年正月四日

○本書第四十七頁「二米國公使より閣老宛來翰」參照
右同文、書に付略す

一五　板倉伊賀守等より米國公使への書翰　明治元年正月四日

○本書第四十九頁「三閣老より米公使宛返翰」參照
右同文に付略す

一六　普國公使よりの書翰　明治元年正月四日

○本書第五十一頁「四プロシヤ公使より局外中立報知の書翰」參照
右同文に付略す

一七　鳥羽伏見の戰況を鈼太郎より大隅守等へ報知書翰　明治元年正月四日

戊辰正月四日

一章拜呈然は昨日鳥羽伏見兩道五字頃一同大戰爭に相成候處手負討死も多分に有之伏見之方は桃山取切高上より下を見下し大砲打下し大小砲にᢁ伏見元奉行屋敷を取卷候に付丹後守殿も大奮戰にᢁ京橋詰に引請諸手を惣轄終夜大戰兩道共未た勝敗之儀は不相知只々寒夜之儀に付戰鬪何分墓々敷不參候に付今曉丹後守殿も諸手は其儘御差置にᢁ本營へ御出にᢁ軍御評議有之然る處今日晝後は疲兵之向は休息之爲引上候も有之尤會兵は從前夜大戰故疲兵御察丹後守殿御差圖にᢁ今朝引上に橋にᢁ休息致し居扱賊兵少々我兵之羸兵致し候儀と察し候哉大砲小砲連發追々進襲來鳥羽街道之方小橋近く進襲藪之中より如雨連發大丸小橋に飛來候段一時少

しく心配いたし候處會藩大奮發にゐ一手打出必死之大苦戰終に手詰に相成候處土手下所々に兵を配置場合を見計槍を入大に鬪突立突伏暫時間に三十八打取首引下突立大聲に閧揚追討大勝利に相成候鳥羽街道之賊兵は大概追詰此大勝に乘候て尙追擊も出來可申處日も夕景に及候に付强ゐ追討は不致候

正月四日

鉡太郎

三左衛門

播磨守

大隅守樣

伊豆守樣

備中守樣

土佐守樣

一八　和蘭公使より來翰の件に付小笠原伊勢守等の答申書　明治元年正月五日

戊辰正月五日
（卷表）
［伊賀守殿

和蘭岡士より差出候書翰之儀に付申上候

書付

小笠原伊勢守

大久保筑後守

松平修理大夫藏屋敷內土藏へ和蘭商社之荷物入置候處今曉右屋敷火災有之候へ共土藏は無難に有之候間速に荷物引取候樣致し度旨同國岡士より別紙譯書之通り書翰差出候間勘辨仕候處一體商賣荷物之儀は御開市以前に候へは一切不相成筈たとへ御開市後に候共夫々之手數を經運

上所於て改之上ならては陸上不相成法則に有之然る處前書和蘭商社之荷物は其筋へ申立候儀も無之竊に修理大夫屋敷へ持込儀にて奸商之所業判然と仕候間相當之罪に處し可然儀に可有之殊に修理大夫家來脱走之上は彼之片言證據と可致儀も無之旁彼へ可引渡筋には有之間敷と奉存候間右之趣を以遂引合可申哉尤外國奉行見込をも一應御尋之上早々御下知御座候樣仕度依之別紙書翰譯書相添此段相伺申候以上

辰正月

小笠原伊勢守

大久保筑後守

一九　同上に付松平太郎等より山口駿河守等への書翰　明治元年正月五日

戊辰正月五日

以書狀致啓上候然は舊臘晦日近々御上洛之旨被　仰出御先供之面々一昨

三日伏見迄相登り候處於同所薩藩人數相支候より戰爭と相成候趣同日夕第五時頃同所之方に當り遙に火之手上り其後注進有之同所薩邸全燒失いたし候由其末之模樣は聢と不相分候へ共御軍勢は既に京地間近く詰寄候趣に有之且四日曉に至り當表薩州藏屋敷取圍み一ヶ所は燒失致し一ヶ所は御取上ヶ相成申候將各國公使へ今曉別紙之通り御書簡御達相成候に付爲御心得右寫差進申候尤米公使よりは右御書翰へ對し返翰差出再御返翰被差遣候間是亦往復寫差進申候右不取敢可得御意如此御座候以上

正月五日

出張中無印
松平太郎

糟谷筑後守印

石川河内守印

赤門出張中無印
川勝近江守

山口駿河守様

朝比奈甲斐守様
江連加賀守様
菊池丹後守様
平岡和泉守様
酒井對馬守様
杉浦武三郎様

尙以十二月廿六日附御書狀今日到着披見いたし候御返書之儀者御用便次第可申進候以上

一近江守より安藝守殿へ之別封佛國へ飛脚船にゐ御地より御差立方御取計可被成候

一孛公使へ横濱百七十番地所之儀に付御老中方ゟ可被差遣御返簡案寫先便差進置候處尙又御文段御取直之上本日御達相成候間右寫差進申候

二〇　板倉伊賀守・酒井雅樂頭より各國公使への書翰　明治元年正月六日

〇本書第五十二頁「五於大坂閣老より各國公使宛書翰」參照

右同文に付略す

二一　米國公使より小笠原壹岐守への書翰　明治元年正月十日

戊辰正月十日

第十二號

千八百六十八年第二月二日横濱合衆國公使館に於て

江戸外國事務執政等々々小笠原壹岐守閣下

本港に於ては今日迄曾て知らさりしか去月廿七日卽ち日本正月三日に於てマゼスチイ大君の兵と大名一致の兵と伏見邊にて一戰ありし由聞及へり而して既に許多の新聞ありて甚しき虛說の行はるゝこと疑なし然るか故に其虛說を防くこと誠に大切なるへし而して大君方の吉事を願

ふか爲には自今上方にて起りたる事件の確說を得ること實に大利益となすへし是を以て余謹て願ふ閣下時々使者を以て余か方に確說を送り給はゝ幸甚なりと

余も亦船便にて新聞確說を必す得ること有るへけれは其節は直に閣下に之を告知するを以て職務となすへし恐惶敬白

閣下の最從順謙遜臣僕なる

ア、ル、セ、ボルトメン

二二　江戸薩藩邸取上に付木下内匠助への達　明治元年正月十六日

戊辰正月十六日

木下内匠助へ

此度松平修理大夫各邸共被　召上候に付下高輪同人上り屋敷被成御預候且是迄同人借受罷在候島津淡路守屋敷之儀地續之事にも有之候間當分之

內取締向心附候樣可仕候井伊右京亮へも同樣相達し候間可申合候尤御作事奉行御目附可談候

二三　薩藩士黑川裕次郎の件に秋月長門守家臣より屆書　明治元年正月十六日

戊辰正月十六日

松平修理大夫樣御家來
黑川裕次郎

右之人只今長門守屋敷通用門へ罷出留守居方へ罷通度申出候處留守居役病氣引籠罷在面會出來兼候之譯を以相斷候處別紙願書差出何れ共取次呉候樣申出候に付預り置申候右は長門守間柄其上隣國之儀に付不得止次第に御座候同人罪狀も無御座候はゝ聞屆候ゐも不苦間敷哉此段奉伺候以上

正月十六日

秋月長門守家來
鈴木練太郎

二四　黑川裕太(マヽ)郎より秋月長門守家臣への書面　明治元年正月十六日

私儀去月二十五日上屋舗出火に付青山權田原明行寺へ家内一同立退候處去る五日寺社戸田土佐守樣へ御訴申候處去る十二日御聞濟に相成候間早速國元へ罷越度御座候得共路銀等も出來兼誠に以心配仕候親類等も無御座難澁仕候間國元へ罷越し候路銀拜借被　仰付被下度偏に奉願候返納之儀は國元へ安着仕候上主人修理大夫へ申聞返納奉申上候以上

松平修理大夫内
定府中小姓
黑川裕太(マヽ)郎　印

秋月長門守樣御内
御役人中樣

二五　在江戸薩藩士歸國に付長井筑前守の達　明治元年正月廿六日

戊辰正月廿六日

松平修理大夫家來別紙名前之者共家族召連來廿八日江戸表出立東海道通り歸國致候間今切御關所無滯可被相通候尤病氣等にて自然出立延引相成候共是又無差支可被相通候此段申達候以上

正月廿六日

長井筑前守

○

別紙

松平修理大夫家來
堤伴四郎

同人悴
同伴之丞

同人弟
同龜太郎

龜太郎三男
同錄藏

同人四男
同龍之助

三雲喜八郎

喜八郎悴
同　鐘之助

伴之丞妻

龜太郎妻

同人娘貳人

喜八郎妻

同人娘壹人

下男壹人

右同人家來
千澤湊

同人悴
同　儀八郎

同人次男
同　攸次郎

同人妻

同人娘三人

厄介
曾昌宇

同人母

同人妹壹人

右同人家來
黒川銑太郎

同人父
同作太郎

右同人家來
加藤彦左衛門

同人妻

同人娘壹人

厄介
梅田鑄太郎

同人母

同人姉貳人

右同人家來
半田鎌吉

同人妻

同人娘貳人

○

松平修理大夫家來

中屋敷住居 遠藤太市郎

勤方役 奥平數馬

神田源八

吟味役 小島庄兵衛

安間半藏

留守居役 吉田七兵衛

同筆取 加久米四郎兵衛

佐久間克三郎

山田隆太郎

幾度一郎次

浪士 林　清　藏

勘定役 伊　藤　源　助

米銀方 矢　島　新　左　衛　門

友　近　彌　四　郎

陣僧 宮　田　友　佐

足輕已下百貳人

內壹人內外へ出不歸由

小者貳拾人

外に馬三疋

内國騷亂局外中立一件卷三

自慶應四年明治紀元戊辰正月十二日
至同年三月六日

一　魯・瑞・葡・白公使へ武器買入方の書翰案　明治元年正月十二日

戊辰正月十二日仕出し

一魯瑞葡白コンシユル等へ武器買入方等之儀に付被遣候御書簡幷書簡案

正月十二日拾五番にて廻し出す

此書散逸す因て書翰目錄の所載を記して姑く此編に加ふと雖恐らく達せさるものならん歟

二　大坂に於て六國公使へ達の件に付外國奉行の上申書　明治元年正月十三日

戊辰正月十三日

（卷表）
大坂表おゐて英佛米蘭孛伊公使へ御達相成候御書翰之儀に付申上候書付

外國惣奉行並
外國奉行

今般大坂表おゐて英佛米蘭孛伊公使へ別紙御書狀寫之通被差遣候趣にて
去る十日御下相成候に付一覽仕候處右は瑞西代任コンシユルセヂラール
魯葡白コンシユルへも同樣御達相成候方哉奉存候間神奈川奉行へ右御書
狀寫御下け相成御趣意徹底致し候樣右コンシユル共へ篤と引合可申旨同
奉行へ被仰渡候方哉奉存候依之別紙書類返上此段申上候以上

辰正月

山口駿河守
朝比奈甲斐守
江連加賀守
菊池丹後守
平岡和泉守
成島大隅守

杉浦武三郎

三　合衆國公使《マヽ》よりの書翰　明治元年正月十三日

○本書第五十七頁「八米國公使館員ポートマンより自衛準備問合の書翰」參照

右同文に付略す

四　神奈川奉行への達　明治元年正月十五日

戊辰正月十五日

（卷表）神奈川奉行へ

覺

英佛米蘭孛伊公使へ別紙書狀寫之通相達候間得其意瑞西代任コンシュルゼ子ラール魯葡白コンシュルは其方共より右御趣意柄徹底致し候樣篤と

引合候樣可被致候事

閣老小笠原壹岐守横濱在留瑞西代任コンシユルゼネラール魯衛白コンシユルへ達し方を外國奉行へ下問す奉行所存を申禀し以後神奈川奉行へ令して各國コンシユルへ達したるなり然れとも應接に事濟たれは今書記する者なし

五　兵庫に於て岡山藩士暴行に付各國公使への書翰　明治元年正月十七日

戊辰正月十七日仕出し

一各國公使ハ兵庫表於て備前之兵隊暴行および候に付忽ち追撃被致一同御無難之趣大慶尙示來之御安否御尋問可致旨

大君殿下より被命候

同日三拾貳番にゐ回し出

同日壹岐守殿へ上る進達書拾貳番なり

此書散逸して傳はらす姑く書翰目錄の全文を揭け以て參考に備ふ

六　米國公使館員ポートマンより外國奉行への書翰 明治元年正月十八日

戊辰正月十八日

千八百六十八年第二月十日午後第八時善福寺於て

江戸に在る

外國奉行閣下へ

唯今落手せし兵庫より之告知に尾張を

帝より大君に命し賜し事を記せり勿論余は此記載之實を證する能はす謹

言

アルセポルトメン手記

七　同上老中への書翰 明治元年正月廿一日

○本書第七十七頁「一四米國公使館員ポートマンより瀧川播磨守携帶書

寫を請求の書翰」參照

内國騷亂外局中立一件卷三

右同文に付略す

八　外國奉行より米國公使館員ポートマンへの書翰　明治元年正月廿五日

戊辰正月廿五日

御書狀致披見候然は我本月三日瀧川播磨守上京之節持參致候

大君より

御門へ御奏聞相成候ヶ條書寫御一見被成度旨御申越之趣致承知候則別紙

寫二通差進申候此段拙者共より御報可申進旨小笠原壹岐守被申聞候右可

得御意如此御座候以上

正月廿五日

杉浦武三郎

酒井對馬守

糟屋筑後守

平岡和泉守
江連加賀守

アルセポルトメン様

九　同上別紙　将軍より奏聞書／薩藩奸黨の者罪狀書　明治元年正月

○本書第七十九頁「一六瀧川播磨守携帯の奏聞書」及第八十頁「瀧川播磨守携帯の罪狀書」參照

右同文に付略す

一〇　米國公使館員ポートマンと應接趣意依田伊勢守より江連加賀守への書翰　明治元年二月四日

○本書第九十五頁「三局外中立各國民へ布告に關する神奈川奉行の書翰」參照

内國騷亂局外中立一件卷三

右同文に付略す

一一　普告　明治元年正月廿五日

○本書第九十九頁「五局外中立布告譯文」參照

右同文に付略す

一二　水野若狹守米國公使館員ポートマンへ對話の節同人申立書　明治元年二月四日　明治元年二月五日

○本書第九十七頁「四水野若狹守米國ポートマンへ對話の節同人申立書」參照

右同文に付略す

一三　江連加賀守より水野若狹守への書翰　明治元年二月五日

○本書第百二頁「六外國奉行より神奈川奉行へ局外中立布告の回翰」參照

右同文に付略す

一四　武器賣買禁止布告に付神奈川奉行よりの書翰　明治元年二月六日

○本書第百三頁「七局外中立布告中文辭更改請求の建白」參照

右同文に付略す

一五　同件に付書簡案取調方外國奉行への書翰　明治元年二月六日

○本書第百五頁「八閣老小笠原壹岐守より各國公使等への書翰案」參照

右同文に付略す

一六　米國公使館員ポートマンより川勝近江守への書翰　明治元年二月廿三日

戊辰二月廿三日

私用公事にあらす

千八百六十八年第三月十四日於横濱

江戸にある

川勝近江守閣下

米國公使軍艦モノカシーに乘船し唯今大坂より歸港せり伊太里孛漏生之兩公使も同道なり

然る處ワルケンボルグ氏疲勞していまた全快之期に至らす故に余今足下に十分之事を書贈する事能はす

各公使大坂にありて御門を尋訪すへきとの案内ありて去る十一日(日本十八日)其擧に及ふへしシルハリスパルケス幷ホルスブルック氏は之を領承したれとも他の公使は卽答をなさす是十八日上京の事を期し追而謁見可相願旨を以延期せし事に聞及候去る八日(日本十五日)佛國軍艦之小舟貳艘

堺に於て土佐人の爲に襲撃せられ其内拾六人乗之舟は死人拾壹人ありて今一艘之方は死人一兩人なりと

于時英國公使館醫官ウイリス京都にありて土佐侯之病に罹れるを治療し居るなれは其時も英國公使館士官ミルトフォルト共に猶在京せり

此變事に十分之滿足をなすへき旨佛國公使に約せり

拜具謹言

アルセポルトメン

一七　同上川勝近江守の返翰

明治元年二月廿三日

戊辰二月廿三日

御書狀披見いたし候然者此程貴公使御歸路に付貴樣より坂地之模樣件々御書通之趣承知いたし段々御厚志之段不淺感謝いたし候尚其後御聞及之儀も候はゝ乍御手數御申越有之候樣存候右御報可得御意如此御座候以上

二月廿三日

川勝近江守花押

アルセポルトメン様

一八　佛國水夫遭害の件

明治元年二月廿三日

戊辰二月廿三日

千八百六十八年第三月十四日土曜日

今朝到着せし合衆國軍艦マノカシイ船にて次の報告を得たり　佛國水夫十一人大坂地方を測量せし時切害に遇へり

猶委細は今夕告知すへし

ジヤパンガゼツト

（横濱新聞）

一九　ハンリードより山口駿河守への書翰　明治元年二月廿三日

於神奈川

千八百六十八年第三月十四日午前第十一時

呈　山口駿河守閣下

亞國軍艦マノカシイにて只今亞國孛國及伊太里國公使兵庫表より當港に到着せる事を急き閣下に報告す

去る日曜日佛國士官壹人軍艦之平卒十八人大坂地方を測量せし折土佐人之爲に彼等殺害に遇へり之れに因り右に記せる公使横濱に逃歸りたりと云ふ事を聞けり

如し公使　大君に拜謁する時は彼等一度破りし　大君との眞之交際は言語上にては恢復す可らさる事を彼等に感せしむへし且大坂於て彼等之所置に因り　大君の意を損せし樣子を以て　大君彼等は應接すへし然る時は彼等方より再

大君に對面せん事を乞ふへし何となれは日本國於て正に一人諸事を引請全國を支配する者無きを得す正に此時に當り　大君須く外國人南方の徒を征伐するを援けん事を承諾し一丈夫之擧動あるへし而して　大君以前よりは猶廣大之權威を得へし擧動速ならんを欲す
外國人之爲に必す復讐すへき事を外國人に約すへし而天下之功獨り一橋に歸する事疑無し
猶豫は　大君の大敵也大急謹言

ハンリード

戊辰三月朔日

二〇　米國公使館員ポートマンより川勝近江守等宛書翰　明治元年三月朔日

内用

於横濱千八百六十八年第三月二十三日

呈 川勝近江守 江連加賀守 閣下

一封兵庫より到着せり○本月十九日にパークス゜ロセス幷にボルスブルック上坂し廿日に伏見に着し廿一日に京都に至り廿三日或は廿四日　帝に謁見せん事を期せり○而後は多分右之公使は横濱に歸港す可

土佐之士分四人兵卒十六人斬首されたり且拾五萬トルラル之金高を拂ふ事に至れり

大急

アルシポトメン

二一　同上江連加賀守よりの返翰　明治元年三月六日

戊辰三月六日

御內狀披見いたし候然は英公使京師於て不慮之義に遇候旨新聞御報告被下驚愕之次第に有之候右は御來示に任せ速に申通し候尚確說御聞込にも相成候はゝ早々御報告被下候樣御賴申候右御報如是御座候已上

三月六日

江連加賀守花押

アルセポルトメン樣

二二　英公使遭難等の件に付ポートマンよりの書翰　明治元年三月六日

戊辰三月六日

公用にあらす私用

千八百六十八年第三月廿八日橫濱に於て

外國奉行江連加賀守足下に呈す

亞墨利加の蒸氣船ローウルと號する船今朝兵庫ゟ到來せり去る廿二日ミ

ニストルヽロセス及ひミニストルポルスブルック　御門陛下に拜謁せり次日卽ち廿三日月曜日シルヽハルリーヽパークス京都に於て　御門の宮殿へ登る途中にて卒爾に襲撃され少しく創を被り英人九人も亦創を受けて其內貳人其創劇甚なりシルヽハルリーヽパークスは　御門に拜謁せすして大坂に引返したり英佛及ひ蘭の名代人は直に横濱に歸ることを決定せり
此報告は十分正しきや否や知れ難しと雖も全く然るへし
大君及ひ近江守に之を報告せんことを願ふ

君の親友　アヽルヽセヽホルトメン

副啓　歸港の上某《アル》日本の兵卒卽ち浪人輩を殺害すへきとの風説あり

附錄

一　亞墨利加國內戰亂に依て局外中立一件　文久元年八月

亞墨利加國内戰亂に依て局外中立一件

○文久元辛酉年八月二日

貌利太泥亞特派全權公《マ》使ミニストル、之書翰

外國奉行之評議

○同十三日

アールコックへ之返簡

辛酉八月二日第七十一號

千八百六十一年第九月五日江戸にて

外國事務宰相台下に呈す

我政府の令に隨ひ現今米里堅合衆國之内に起りし戰爭の事に就き台下に

報告すハーレマエステイト女王は全ブリタニヤ國民に彼戰爭の間は嚴に中立双方に荷擔せざるを云ふを守る可きを令し左の制禁のケ條を布告せり○其爭亂に就ては何事たりとも荷擔する事○士官兵卒或は水夫にもせよ海陸の差別なく如何樣の勤向たりとも彼此の論なく兩不和國の內へ勤を爲す事○船舶を艤裝し或は武器を備へ兩不和國彼此の內へ軍船カーブル船敵國の物を掠略する爲め用る船を云或は運送船の用に供する事○兩不和國彼此の內にて其須要の爲め正しく定めたる鎖閉を破り或は之を破らんとする事○士官。兵卒。書札。武器。軍資。建築の材。或は方今諸人民の習にて戰爭の間は禁したる品又は禁すへしと思はるゝ品を彼此兩不和國の內へ輸送する事○若し此禁條を犯す者あらは則罪人にして科料又は禁錮の罰を下すへし

英國政府にて猶嚴に中立を守らんか爲め兩不和國の武備を裝したる船カーペル船を合一王國即ブリタニヤを云幷に其海外所領の地に在る諸港及ひ碇泊處即ち河海の內へ入る事を禁したり

又我政府より合衆國在留ミニヌトルへ送れる信據すへき公書ありて余より台下に告知すへき旨を命せられたり然れとも是は只會合の時に述へし恐惶敬白

ハーレブリタニヤ特派公使全權ミニストル
ルーセルホールトアールコック

○

辛酉八月
外國奉行評議
英國公使より亞米利加國内戰爭之儀に付中立候書翰被成御下熟覽勘辨仕候處同國於ては右戰爭中に双方何れ之方ゟも荷擔不致且兵卒人は勿論軍用相成候器械等不差送樣國内人民ゟ布告致し候趣に有之一體此度戰爭之儀は合衆國内南部は人民共大統領之指揮命令に服從不致候より

差起り候由新聞紙其外等にも發揮と掲け有之候儀に候得は其南北おゐて戰爭相成候原由之是非は兎も角條約取結候上は其國平安之爲め政府ニ對し輔助之處置有之可然筋合にも有之哉に被存候處英國公使申立之趣更に其政府ニ對し懇親之譯とも不相見尤右は同國限り子細有之候譯に御座候處左候はゝ自己國中ニ觸れ示し候趣等別段此方ニ申立候譯合は有之間敷其是參考仕候處右戰爭之儀彼我御懇親御取結相成候上はいつれにも空敷傍看座視致し候義にも無之赱と右原由始末等御聞糺有之度義之處英國公使より申立候は幸之儀に付同國於て中立相守候との子細は勿論同國內於て戰爭等差起候節條約濟國に於て取扱方萬國一般普通之方法等各國公使等ニ御問合之上其次第に寄何とか御所置無之候而は條約御取結相成候國柄之義に付後來如何樣御不都合之儀無之とも難申就而は右等之趣早々各國公使ニ御談判被爲在御聞糺御座候樣仕度依之私共評儀仕此段申上候以上

酉八月　　外國御用立合役々

外國奉行

書面之趣は何れも之內罷越條約濟國々戰爭差起候節萬國普通之取扱方承合被申聞候樣可被致候事

○

辛酉八月十三日

貌利太泥亞格外公使全權ミニストル

ヱキセルレンシー

ルーセルホールトアールルコック江

貴國九月五日附第七十一號之書簡落手今般亞米利加合衆國領內に差起り

し一揆之儀に付貴國には何方にも荷擔不被致中立を被守候趣を其女王殿下より觸書之大意被申越委細承知いたし候右に付其國政府より合衆國在留ミニストルに被差送候公書も有之面會之節其次第可被申聞旨にも候得共委細は其節を期し先返書を申入候拜具謹言

文久元年辛酉八月十三日

久世大和守花押

安藤對馬守花押

二 英國公使戊辰兵亂中外交を何れに議せん哉を詰問一件

明治元年戊辰正月

英國公使戊辰兵亂中外交を何れに議せん哉の詰問一件

○明治元戊辰年正月十二日
大坂表之事件に付面晤日本役人へ致し度旨パークスより申越之義
シツドチーローコックの書面
拙宅にて面晤之旨小笠原壹岐守の回答
○同十三日
國事多端に付壹岐守面會差支に付疑問之廉々書狀を以て通達すへく之旨杉浦武三郎等よりシトニーロックへの書面
○同十五日
シトニーロコック之書翰
壹岐守之封書外國奉行よりシドニーロコックへ送越之書翰
別紙小笠原壹岐守之書簡　二

戊辰正月十二日

以書簡申入候然は今般大坂表之事件に付明十三日午刻迄に御面晤申上度御座候に付右刻限早々御取極我假公使館迄御報御座候樣仕度此段我公使ソル、ハルリー、パアークスより被申付候右之段可得御意如斯御座候拜具謹言

正月十二日

シッドネー、ローコック

稻葉美濃守樣

松平周防守樣

二白　本文之事情は我公使名代として罷出候間事情不殘御密談に御申聞御座候樣我公使之望に候右御面晤相濟候上は早速兵庫港へ立歸り申度候に付成丈け早く御面談申度候以上

小笠原壹岐守様

返翰本日の條に載す

○

戊辰正月十二日

御書狀令披見候然は明十三日午之刻迄に拙者共へ御面晤被成度旨御申越之趣承知致し候第十一時拙者邸宅にて御面會可致存候間同所へ御越有之度右御報如此候以上

正月十二日

小笠原壹岐守

シドニーロコック様

尚以御端書之趣承知いたし候以上

來翰本日の條に載す

○

戊辰正月十三日

以書狀致啓上候然は今十三日小笠原壹岐守邸宅於て同人に御面晤之節貴樣御疑問之廉々御返答御承知之ため明十四日第三時尚又同邸へ御越可有之旨其節御申聞被成候へ共昨今國事多端にて壹岐守儀何分御再會致し兼候間右御疑問之廉々は明後十五日壹岐守書狀を以貴國公使へ申進候積に付左樣御承知有之度右壹岐守之命に依此段申進候以上

正月十三日

杉浦武三郎

平岡和泉守

シトニーロ(マヽ)ツク様

○

戊辰正月十五日

千八百六十八年第二月八日江戸海ゴンボートフヒルム船に而

本月六日(十三日)會話之後天氣惡しくして江戸に返ること能はす且現今は余不快に付上陸して閣下に面會するを得す就而者先日會話之節女王マゼスチのミニストル之ため余か質問したる三ヶ條之返答を書面に認て余に送り給はんことを謹て閣下に願ふ其三ヶ條は

第一向後女王マゼスチのミニストルは條約遵保之事に付誰と引合可致哉

第二兵庫又は大坂におゐて條約違背之事あらは誰へ訴出誰を以て其責に任すへき哉

第三若し外國名代人と應接の爲め　御門より兵庫へ使を遣すこともあら

は女王マゼスチのミニストルはこれを待遇して不苦哉
明日飛脚船ありて兵庫へ赴くに付閣下今日右之趣を横濱におゐて余へ回
答せらるへしと思へり
余此序を以て余か恭敬之意を閣下に表す

シトニロコック

江戸外國事務執政小笠原壹岐守閣下

返翰本日の條に載す

○

戊辰正月十五日
以書狀致啓上候然は一昨日壹岐守へ御申聞有之候儀に付同人より別紙之
通委曲貴公使へ申進候間右にて御承知有之度依之貴公使へ壹岐守より之

書簡披封之儘差進候間御一見之上御差出し方御取計可被下候右可得御意
如此御座候以上

正月十五日

杉浦武三郎
酒井對馬守
成島大隅守
糟屋筑後守
平岡和泉守
江連加賀守

シドニーロコック様

○

戊辰正月十五日

以書狀啓上いたし候然は一昨十三日貴國公使館書記官シドニーロコック氏閣下之名を以て會晤いたし候處云々被申聞候趣有之其上同氏より書翰を以て此後女王陛下之ミニストルは條約遵奉之事に付誰と引合可及哉且兵庫大坂おゐて條約違背之事あらは誰へ訴出誰を以て其責に任すへき哉等疑問之條々承知いたし則閣下へ御答及候一體條約之趣意を以外國諸般之事務は我客歳十二月於大坂城

大君殿下より閣下へ御演述被爲遊候通りにて相替候儀無之處松平修理大夫家來共國內變革之際に乘し京師に在りて上下を鉗制し專縱自恣之擧多く天理に悖り民心に戾れること不少を以て其罪狀を數へ

御門に奏し在京奸惡の徒を除き名義を正し曲直を明にし天下の公論を採て生民の自主を佑け國內不易の基礎を建立せんと計りし次第は已に御承知之事故縷述不致候扨右之譯文を以て

大君殿下上洛之爲め其先供を前發せしめし途中松平修理大夫家來共差拒

發砲せしより交戰となりし處我兵は事不意に起り地勢の利を失ひし故竟に勝利あらすして退却し暫く大坂を引拂て紀州に入りたり何れにも奸兇之徒を斥け其地を鎭撫致し候迄は同所之儀は貿易通商出來兼候間閣下にも其段御承知可然御處置有之度兵庫之儀は各國御同僚にて御引受御座候事故公正之御處置に御任せ申候抑條約を變し候儀は不容易重件にて一旦之成敗を以て忽ち永世之盟を渝へ曲直之理を論せすして速に不朽之信を破り候儀無之段は此迄之親睦に對し毫も疑を容れさる處に候へは閣下にも御懇親之意にて正大之御處置可有御座儀と存候此段可然御推察有之度右御答可得御意如此御座候以上

正月十五日

小笠原壹岐守

シエルハリヱス、バルケスケシビ閣下

来翰本日の條に載す

〇

御書狀致啓上候然は一昨十三日貴國公使館書記官シドニーロコック氏へ面晤いたし候處此後若條約結替候樣之場合にも至り候はゝ誰へ談判可致哉將以後共異變有之候節はいつれへ訴出可申哉且兵庫大坂おゐて以後何樣之儀可有之も難計其節は大君へ可訴出哉將日本之政事はいつれにて執候哉之旨御疑問之趣承知いたし候外國事務は都而我客歲十二月於大坂城大君より公使へ御演述之通りに有之候然る處今般之事變は全く國內一時齟齬之變より起る儀にて何れの道斯の姿にては國內生民仰養俯育の安を得るあたはされは如何樣にも全國の公論を以政府之基礎を建立し外國の交際條約面之通一々施行相成候樣處置すへき素志は更に不相渝

候へ共暫時國内紛擾之際兵庫大坂兩所之儀は貿易通商互に出來兼候半と遺憾之至姑らく鎮定の時を被相待候樣いたし度尤大坂兵庫之外は聊是迄之通相替候儀無之候此段御心得置被下候樣存候右閣下より御申合にて御差越有之候ロコック氏之問に依て貴報可得御意如斯御座候以上

正月

小笠原壹岐守

シエルハリヱスハルケスケシビ閣下

前なる返書の原稿なり載せて參考に供す

解題

丸山国雄

一

本書は例言にある如く外務省編纂続通信全覧類輯之部所収「戊辰中立顚末」四巻「内国騒乱局外中立一件」三巻を収録したものである。続通信全覧は国別年代順による編年之部と、事件の経過を主とし、項目を以て分てる類輯之部とに大別され、その体裁は全く同じである。続通信全覧は、文久元年以降明治元年に至る外交文書を収め、すべて千八百三巻である。この中、類輯之部は千二百九十八巻に達し、その内容は編年之部よりも優れ、あるものは遠く弘化・嘉永及び安政初年に遡って、諸外国の修交要求の顚末を記し、明治二年六月政府に引き継がれた旧幕府書類を経とし、緯としたのは勿論であるが、なお努めて諸家旧史の文献を渉り、あるいは実歴者の、あるいは諸国公館に存する文書を採取し、かつて対外折衝に功労があった外国総奉行平山図書頭敬忠、則ち当時の大教正平山省斎の編纂に負うところ大いなるものがあったと伝えられている。

本書は戊辰中立顚末四巻、内国騒乱局外中立一件三巻を併載しているが、両書には重複文書があるので、これらは予め整理されている。戊辰中立顚末巻一には、提要が記されている。内容は慶応三年十月十五日（一八六七年一一月一〇日）から明治二年正月十四日（一八六九年二月二四日）の間に行われた対外折衝事件並びに国内問題の重要事項について、これを編年体に収めたものである。史料は類輯ではないので、事件別に見るには、いささか不便をまぬがれない。巻四に東京城日誌奥羽越叛藩処置の巻が収録されている。

内国騒乱局外中立一件は薩州藩の江戸攪乱策に対応して行われた浪士の騒擾についての史料であって、その一派は横浜にある外国人に害を加えようとする風聞があり、外国使臣もこれが取締りについて幕吏と交渉した経過が示されている。ここに本書に収められた史料の背景を概観して、読者の便に供してみよう。

二

先ず「明治戊辰局外中立顚末」について述べよう。

慶応三年十二月九日王政復古の大号令が渙発された。しかしこれより先、十月十四日十五代将軍徳川慶喜は大政を朝廷に奉還した。朝廷では将軍がかくも早急に大政を奉還するとは予期しなかったので、庶政施行に関する準備が整っていなかった。しかし朝廷は翌十五日慶喜に参内を命じ、奏請勅許の旨を伝えた。この時「大事件外夷一条ハ尽衆議」と述べ、諸藩主会合の上、諸事を決定し、幕府支配地及び市中取締りは、しばらく旧慣に拠るべしと達した。慶喜は十七日意見書を奏して、その中で外交問題の取扱方について指揮を仰いだ。朝廷ではこれに対し、外交事務に関しては、外交事情に通じた両三藩の大名と会議すべし、と命じている。よって幕府は十月二十二日老中兼外国総裁小笠原長行（壱岐守）をして大政奉還の旨を外国使臣に通達せしめた。

当時わが国に駐在した英国公使パークス（Sir Harry Parkes 慶応元年閏五月赴任）は、早くより朝廷と幕府との関係を理解していたが、かくも平和裡に大政が奉還されるとは考えていなかった。また外交団の中で勢力のあった仏国公使レオン・ロッシュ（Léon Roches 元治元年三月赴任）も驚いた。パークスは薩長二藩に好意を寄せていたが、ロッシュは幕府に同情的態度を持していた。謂わば幕末外交界の尊王派と佐幕派の雙璧であった。米国公使ファン・ファルケンブルグ（R. B. van Valkenburgh 慶応二年七月赴任）は中正不偏にして、幕府は容易に倒壊しないであろうとの見解を有していた。和蘭公使グラーフ・ファン・ポルスブルック（Dirk de Graeff van Polsbroek 文久三年九月総領事として赴任）は旧来より幕府と友好関係にあったので、幕府に好意をもっていた。プロシヤ公使フォン・ブラント（Max August Scipio von Brandt 文久二年領事として赴任、慶応三年三月代理公使）やイタリヤ公使ラ・ツール（Conte Vittorio Sallier de La Tour 慶応三年五月公使として赴任）は仏国公使に追随した嫌いがあった。わが国駐在の外国公使は安政条約成立以後、事あるごとに外交団会議を開き、共同一致して幕府に当り、各本国の共同利益を獲得するを例とした。従って外国使臣間では、外交団会議の指導権を取ろうと互に反目することもあった。例えばパークスとロッシュは、常に激論を交わし、各自異なる観点からわが国情の推移を監視していた。

たまたま十二月七日（一八六八年一月一日）は兵庫大坂開港開市の日であって、同月上旬各国公使は大坂に赴いた。その頃京都では幕府と薩長両藩と対立し、互に一触即発の状態にあった。慶喜は十二日京都から大坂城に入り、十四日早くもロッシュ竝びにパークスと会見した。この時慶喜は政権返上の経過を述べ、下坂の理由として、皇居近くで動乱の起ることを恐れたためであると語った。ロッシュは慶喜を大君陛下（His Majesty the Taykun）と呼び、パークスは大君（the Taykun）と言ったが、十五日老中から各国使臣に、爾後前将軍を上様の称号に復する旨を通達した。外交団は紛争の両派の間にあって中立を守ろうとし、宣言書を作成して政務の中心を質そうとした。この時ロッシュはこの宣言書をもって厳正中立の宣言にしようとしたが、翌十六日仏・英・米・伊・蘭・普《プロシヤ》の六ヶ国公使は大坂城で上様と会見し、今後何れの政府を相手として外交折衝をすればよいかとたずねた。上様はこれに対して、わが政体が定まるまでは、余がその任に当ると答えた。しかるに明治元年正月三日時局は遂に破れ、慶喜の希望に反して鳥羽伏見の戦が起り、慶喜は六日夜会津藩主松平容保・桑名藩主松平定敬・老中板倉勝静を伴って開陽艦に搭乗し、海路江戸に帰った。ロッシュはその後を追って江戸に赴き、二月十九日慶喜に会見した。この時仏国は慶喜に援助を申入れたが、彼はこれを断った。彼は外国の援助を得て国難を後日に遺すような不明の人物ではなかった。

ひるがえって朝廷の対外処置をみるに、慶応三年十二月十八日三職会議を開き、勅使を派して王政復古のことを外国使臣に告げることとしたが、公議派である尾張・越前・土佐の三藩主の反対するところとなり、この議は中止された。よって朝廷は明治元年正月九日初めて外国事務に関する職制を設け、十五日勅使を兵庫に派遣、六ヶ国公使に王政復古の旨を告げ、これより外交の事務は新政府によって処理することになった。勅使の兵庫差遣の議はパークスの勧告によって急がれたと言う。けだし鳥羽伏見の戦いで敗れた旧幕軍が大坂に退き、更に兵庫に殺到する恐れがあったからである。一方大坂滞在の各国公使は難を兵庫に避けたが、兵庫に在る旧幕吏は、同地を撤退したので治安の任にあたる者が居なくなった。そのため各国公使は自国の兵をもって同地の警護に任じたが、正月十日備前（岡山藩）の兵と外国兵との間に衝突が起り、外国側は兵庫港にある日本の船舶を拿捕し、陸戦隊を上陸せしめた。この時パークスが勅使派遣の急務を新政府に勧めたのである。

かようにして新政府は、主権の所在を明らかにしたが、その承認に関しては各本国政府の訓令をまつほかはなかった。然るに間もなく内乱に対しては駐日公使団は局外中立の態勢をとるに至った。新政府が主権の所在を明かにしたとは言え、外交団側にとっては、御門《みかど》政府と大君政府との争いとし、または南北両軍の争いであるとの見解のもとに、大勢の定まるまで局外中立を持することになった。これより先き鳥羽伏見の戦いが勃発するや、その翌四日、老中酒井雅楽頭《うたのかみ》忠惇《ただとう》・同板倉伊賀守勝静《かつきよ》・老中格大河内豊前守正質《まさただ》は連署して列国公使に局外中立を要請した。これは日米修好通商条約第三条に明記された「軍用の諸物」云々の項によったものである（本文書㈠参照）。この文書は三日付けになっているが、外国公使に通達したのは四日である。注意すべきは、旧幕府は、この内乱は松平修理大夫（薩州藩主島津茂久《もちひさ》）の反抗とし、新政府は旧幕府の叛乱と宣言していることである。新政府が局外中立を外国側に要求したのは二十一日のことで、旧幕府のそれに遅るること二旬に及んでいる。外国側が協議して局外中立を宣言したのは二十五日である。この宣言によって痛手を蒙ったのは、皮肉にも新政府側であった。例えば東北同盟諸藩の鎮撫に際しての兵器弾薬類の購入や、またその輸送に多大の不便を感じた。しかし大坂以西の諸港は交戦地帯より遠く離れていたので、外国側はそれを理由として兵器弾薬の購入、軍隊の輸送を行っていた。これは主としてパークスのはからいによるもので、他国は英国の一方的破約行為を監視するだけの実力を有していなかったがためである。されば政府は閏四月二十三日（六月十三日）局外中立の解除を列国に要求したが、列国の容るる所とならなかった。

交戦地帯に近接する関東地方では、局外中立は比較的厳重に行なわれ、特に横浜港を中立地帯として政府及び旧幕府の艦船の出入を禁止した。甲鉄艦即ちストンウォール号事件は当時両者の要望の的となったが、米国公使は局外中立を理由として、米海軍の手で抑留した。

その後、東北地方の平定を機として、政府は列国に再び局外中立の解除を要求したが容れられず、十一月四日三度びその要求をして成らなかった。即ち列国は旧幕兵の残党が蝦夷地の箱館に拠れるを理由として、政府の要求に応じなかったのである。十二月三日政府は更めて岩倉具視を横浜に赴かしめ、六ヶ国公使と折衝せしめた。列国公使は即答を避けたが、英国公使の承諾を得ることに成功し、十二月二十八日遂に列国は局外中立を解除した。かくて甲鉄艦（のちの東艦と命名）は二年二月三日漸く政府の手に引き渡された。この中立解除の数日前、箱館で榎本武揚の中立要求に対して英・仏・米・普四ヶ国領事は承諾を与えている。しかし英・仏両国公使は部下を箱館に派遣して調査せしめたところ、叛軍の基礎微弱なるため交戦団体として認めなかった。しかしこの叛軍の中に仏国陸海軍士官十名が参加していたので、政府はこれを重視し、明治二年五月仏国公使ウートレーイ（Maxime Outrey）に抗議し、この問題は間もなく解決した。

本書には、列国が局外中立を堅持していた際、和蘭人スネルが東北諸藩に武器を売却していた事件に関する史料が数通収められている。スネルは時には英人またはドイツ人、フランス人、イタリヤ人、スイス人などと称して密かに武器を売却し、殊に東北諸藩は彼の手から多量の武器を入手していた。長岡藩河井継之助は慶応四年三月三日江戸から藩地に帰ろうとし、同藩士百五十余名、桑名藩士六十余名、会津藩士百余名と共にスネル所有の船に乗り組み、途中横浜港で武器を積み、箱館をへて新潟港に着き、二十八日長岡に帰着した。会津・庄内・米沢の諸藩を始め東北諸藩がスネルからライフル銃や、その他の火器弾薬をどれほど購入したか、その総額はわからないが、かなり多量に上るものとみてよい。五月二十五日スネルは自ら新潟に赴き、ついで東北各地を歴訪した形跡がある。七月二十九日長州の干城隊が新潟に到るや、彼は船で脱走した。

当時東北諸藩と外国人との取引きはかなり盛んに行われ、スネルに限らず他の国々の商人も暗躍していた。政府は列国公使にその取締りを要求したが、これら商人の考え方は、官軍が横浜・長崎で外国から日々武器及び船舶を購入しているから、北部政府即ち東北諸藩と取引してもよいと考えたのである。スネルが特に多額に上る取引をしたのは、米沢藩だと言っている（戊辰中立顚末巻三、五六文書）。なお政府より和蘭公使館に対し、スネルの行動について訴えたので、同公使館は寺島陶蔵とスネルを招き、十月十九日（十二月二日）神奈川で対決せしめ、その結果をわが政府に報告している（五七文書）。この対決は要領を得ず、一方スネルは弁明書を和蘭公使に提出している。これによれば江戸開城後、東北同盟諸藩と外国商人との取引は盛んとなったようだが、スネルは英国臣民のほか他の外国人で新潟に赴くことを禁じられた者はないと述べている。ついで彼は、新潟港から退去する時、自分の商品を独乙のクリーメル社に托し、また金弐万両を渡しておいたが、官軍が同地を占領した際それを没収してしまったと言っている。これらの文書は局外中立問題と関係がないようであるが、スネルの言質からすれば列国が局外中立を宣言した後も、各国の商人はあるいは政府とあるいは旧幕府方の諸藩と武器弾薬・船舶その他の物資を取引していたようである。後日スネルは米沢藩の未払金四万六千両及び会津藩の債務についての損害賠償を和蘭公使を介して政府に要求した。政府は局外中立違犯であるからとして、これに応じなかったが、公使は強硬に主張し、明治六年政府は会津・米沢藩の債務として四万両をスネルに支払って解決した。

三

「内国騒乱局外中立一件」に収めた史料の価値については、当時の歴史的背景を記して参考に供することにする。慶応三年十二月慶喜は大政奉還を奏請し、勅許を得たが辞官納地問題が紛糾し、政局の前途に陰影を投じていた。しかし江戸方面では、薩州藩を中心とした討幕派諸藩の関東攪乱計画は着々その功を奏していた。西郷吉之助（隆盛）は、かねてから維新の大業を成就するためには、武力を用いて幕府の余勢を徹底的に掃蕩しなければならないと考えていたが、慶喜が意外にも大政の返上を申出たため、武力行使の口実を失うに至り、ここに江戸近辺に事端を発せしめて局面を打開しようとした。そこで彼は薩州藩士益満休之助（行徳）・伊牟田尚平等に旨を含めて、幕府膝下の地を攪乱せしめ、事起らば東西相呼応して、討幕の目的を達成しようと図った。

慶応三年十月益満・伊牟田は江戸に赴き、約五百名余の士民を集め、薩州藩の要路と気脈を通じながら、江戸内外に騒乱を起そうとした。恰も辞官納地問題が紛糾し、江戸にある旧幕兵・諸藩兵が西上するに伴い、薩州邸に屯集せる浪士は江戸内外に横行して治安の攪乱につとめた。彼等は富商豪家を襲い多額の金品を劫奪し、その状は眼に余るものがあった。時には町々の自身番に案内せしめて富商を襲い強盗の所行に及んだ。また無頼の徒は、薩州藩士の名を藉りて市井を横行し、私利私欲を肥やすに至った。かくて東国の人心は不安の極致に陥ったので、旧幕府は歩兵隊、遊撃隊を以て市中の警戒に当らしめる旁ら、庄内藩主酒井左衛門尉忠篤に市中の取締りを命ずると共に諸藩に令して、兵力の増強を図り市中を厳戒せしめた。殊に十二月に入って群盗の暴行劫掠はいよいよ激しくなり、人心は戦々兢々たるものがあった。

江戸市中でさえかような状態にあったから、況んや江戸地を離れると、警戒も手薄となり、ために薩州藩邸に屯集する浪士は、関東各地に出没した。十一月に入って足利藩領栃木に至り、更に対州藩領出流山に篭り、自ら「官軍先鋒薩州藩糾合方隊」と称して檄を四方に飛して同志を募った。これに応じて、志ある者はもとより、中には無頼の徒や、農民にして不満の者などが来り投じ、これらの者どもが所在に横行して金穀を強奪したために、附近の住民は生色なき有様であった。よって旧幕府は足利・館林・壬生藩等にこれが討伐を命じた。十二月十一日出流山の徒党は遂に潰滅した。そのほか相模・武蔵・常陸・上総・下総の所々に浪士暴徒が蜂起して治安を乱し、また草賊もこれに乗じて悪事を企むなど、その多くは無謀の挙に過ぎなかった。しかし関東各地の人心動乱の目的は一応達したと言えよう。

旧幕府は夙に江戸及び関東各地に於ける擾乱が薩州藩の策謀に出でていることを知っていたが、有司は薩州藩の勢力を怖れて逡巡していた。かかる時十二月二十二日江戸城二の丸が炎上した。これについては、二の丸は天璋院の住む所であるから、あるいは薩州藩士があるいは大奥の女中が天璋院を奪わんとして放火したとの説が流布した。しかしこの時も旧幕府有司は、敵の術中に陥ることを警戒して自重した。

然るにこの日、薩州藩邸に屯集せる浪士が三田の庄内藩巡羅兵屯所に発砲したため、旧幕府有司も意を決し、薩州藩邸を攻撃することとなった。十二月二十四日夜旧幕府は庄内藩・松山・上ノ山・前橋・西尾・鯖江の諸藩に薩州藩邸及び同支藩佐土原藩邸に潜伏せる浪士の逮捕を命じた。庄内藩兵を主力とする総勢約二千余名は翌二十五日戦端を開始し、両藩邸を焼払い、江戸留守居篠崎彦十郎は斃れ、益満は捕えられ、伊牟田は辛うじて脱れた。これより旧幕府は品川・内藤新宿・板橋・千住・岩淵に関所を設け、市中の厳戒に当った。この報が一度び大坂城に達するや、旗本を始め会・桑二藩の士は激昂し、遂に明治元年元旦慶喜は討薩の表を草し、別紙薩州藩の罪五箇条を挙げ、これを京都にもたらしめた。かくて旧幕府軍は君側の奸を除くを名とし、続々と北上した。朝議は硬軟二派に分れたが、遂に討幕の議を決した。かくて両軍の兵は鳥羽伏見にあって対峙し、三日夕刻旧幕府軍は薩州藩の陣営を突破せんとして、ここに戦端が開かれた。その結果旧幕府軍は敗退し、六日慶喜は密に大坂を去って、東帰した。その後政府は東征軍を東下せしめ、江戸城を攻撃せんとしたが、慶喜の謝罪恭順、勝海舟と西郷隆盛との会見などによって、進撃は延期され、四月四日江戸城は平和裡に政府軍に引き渡された。かくて慶喜は城を出て水戸に退隠したが、旧幕府に恩顧を蒙る過激の徒は、江戸を脱出して所在に屯集し、関東各地に拠って政府軍に抵抗した。ために江戸の商工の徒を始め、各地の人心は頓に動揺した。彰義隊の奮戦、流山の騒擾などは、この間の事情を語るものである。ついで奥羽越列藩同盟の約がなり東北諸藩と政府軍の戦闘が開始されたが、白河・棚倉・三春・二本松の諸城は相ついで陥落し、一方、磐城平・仙台・中村などの諸藩も降伏あるいは撃攘された。最期に会津城の攻撃となるが、これまた白虎隊の悲史を秘めて降伏するに至った。残るはただ箱館に篭る旧幕府軍の一隊のみとなった。

かように京坂における戦火は、東北に拡大していったが、その間列国との間にも屢々問題を惹き起した。先に述べた備前藩兵の暴行を始めとし、堺における土州藩兵と仏国海兵との衝突問題・京都でのパークス公使襲撃事件等は政府の最も苦しんだ事件である。特に堺で起った土州藩兵の暴行事件は悲惨を極めた。明治元年二月十五日仏海兵が上陸するや、忽ち衝突し、十一名を殺傷した。政府は東久世外国事務総督以下を現地に派遣して解決策を講じた。仏国公使ロッシュは厳重に抗議し、商議の結果償金十五万弗、土州藩士西村左平次以下二十人に自刃を命じて解決した。自刃は政府役人及び仏艦長トゥアール（Dupetit Thouars）等検証の下に、堺妙国寺で行われたが、十一人目の柳沢常七が切腹せる頃、従容として死につく武士の姿にうたれ、トウアールは爾余の士の助命を請うて帰艦し、政府は橋詰愛平以下を改めて流罪に処した。パークスは京都に赴き、天皇に謁見せんとして参内の途上暴漢に襲われたが、警護の士によって無事であった。かかる事件が相ついで起ったので横浜港に居留せる外国人が暴徒の襲撃を怖れたのは故なしとしない。

かように新政府が樹立された直後、なお国内の争乱は治まらず、各地で戦闘が交わされたので列国もその去就に迷ったようである。しかし本書に収録された史料を見ると、列国の対日態度は常に政治的問題と貿易問題と区別して考えていたと考えられる。政治的には局外中立を厳守したが、その裏面において貿易の自由は認め、商人はその庇護のもとに政府及び旧幕府や諸藩と取引を行っていたことが観取せられる。この史料のほか外務省編纂の日本外交文書を参照すれば、当時の事情が一層明確に把握できるであろう。

明《めい》治《じ》戊《ぼ》辰《しん》局《きょく》外《がい》中《ちゅう》立《りつ》顚《てん》末《まつ》

日本史籍協會叢書 185

大正七年一月二十五日 初版
昭和四十二年五月二十五日 覆刻

編者 日本史籍協會
代表者 森谷秀亮
東京都三鷹市上石原二一一二番地

發行者 財團法人 東京大學出版會
代表者 神立 誠
東京都文京區本郷七丁目三番一号
振替 東京五九九六四 電話(八一一)八八一四

印刷・株式會社平文社
本文用紙・北越製紙株式會社
クロス・日本クロス工業株式會社
製函・株式會社 光陽紙器製作所
製本・有限會社 新榮社

日本史籍協会叢書 185
明治戊辰局外中立顛末（オンデマンド版）

2015年1月15日　発行

編　者　　日本史籍協会
発行所　　一般財団法人　東京大学出版会
代表者　渡辺　浩
〒153-0041　東京都目黒区駒場4-5-29
TEL　03-6407-1069　FAX　03-6407-1991
URL　http://www.utp.or.jp

印刷・製本　　株式会社 デジタルパブリッシングサービス
TEL　03-5225-6061
URL　http://www.d-pub.co.jp/

AJ084

ISBN978-4-13-009485-6　　Printed in Japan